Studienwissen kompakt

Mit dem Springer-Lehrbuchprogramm „Studienwissen kompakt" werden kurze Lerneinheiten geschaffen, die als Einstieg in ein Fach bzw. in eine Teildisziplin konzipiert sind, einen ersten Überblick vermitteln und Orientierungswissen darstellen.

Weitere Bände dieser Reihe finden sie unter
http://www.springer.com/series/13388

Andreas Kuckertz

Management: Corporate Entrepreneurship

 Springer Gabler

Andreas Kuckertz
Universität Hohenheim
Stuttgart, Deutschland

Studienwissen kompakt
ISBN   978-3-658-13065-7   ISBN 978-3-658-13066-4 (eBook)
DOI https://doi.org/10.1007/978-3-658-13066-4

Die Deutsche Nationalbibliothek verzeichnet diese Publikation in der Deutschen Nationalbibliografie; detaillierte bibliografische Daten sind im Internet über http://dnb.d-nb.de abrufbar.

Springer Gabler
© Springer Fachmedien Wiesbaden GmbH 2017

Springer Gabler ist Teil von Springer Nature
Die eingetragene Gesellschaft ist Springer Fachmedien Wiesbaden GmbH
Die Anschrift der Gesellschaft ist: Abraham-Lincoln-Str. 46, 65189 Wiesbaden, Germany

Vorwort

Corporate Entrepreneurship will „unternehmerische Unternehmen" schaffen. Man könnte dieses Ziel durchaus für einen Widerspruch in sich oder gar eine Tautologie halten. Ist nicht jedes Unternehmen per se unternehmerisch? Angesichts der vielen Unternehmen aber, in denen nur „business-as-usual" gilt, muss man leider konstatieren: Das ist nicht der Fall.

In etlichen Unternehmen hat sich über die Jahre ein gefährliches Ausmaß an Trägheit und Passivität entwickelt, das droht, den zukünftigen Erfolg der Organisation zu untergraben. Neue Wettbewerber treten auf, innovative Technologien entstehen und Kundenbedürfnisse und Märkte verschieben sich radikal. Wer auf diese Herausforderungen mit dem immer Gleichen reagiert, setzt sich unnötigen Risiken aus.

Viele etablierte Unternehmen streben daher danach, sich wieder an ihre Ursprünge zurückzuerinnern, um einmal mehr unternehmerisch zu agieren und nicht nur reaktiv zu handeln. Vielfältige Initiativen werden gestartet, die dazu dienen sollen, von jungen und agilen Wettbewerbern zu lernen, möglicherweise mit diesen zu kooperieren und ganz grundsätzlich deren Proaktivität, Innovativität und Risikofreude nachzubilden. Wie das funktionieren kann, zeigt „Management: Corporate Entrepreneurship".

Die Herausforderung ist dabei keine kleine. Eine große deutsche Tageszeitung zitiert René Obermann, den ehemaligen Vorstandsvorsitzenden der Deutschen Telekom, in Anlehnung an ein bekanntes Managementbuch mit der Aussage: „Ich glaube, dass Elefanten tanzen können." Das Bild des Elefanten macht deutlich, wie schwer es für den einzelnen Manager sein wird, eine Organisation, die einmal in Trägheit und Passivität gerutscht ist, wieder in Bewegung zu bringen. Gerade Konzerne werden also nicht nur von mehr Unternehmertum profitieren; gleichzeitig stehen sie vor entsprechenden Herausforderungen in der Umsetzung dieses Ziels. Wie genau der Elefant wieder zum Tanzen gebracht werden kann, das ist Thema dieses Buchs.

Notwendig werden dazu nicht nur eine passende Strategie und ein klares Bekenntnis zu mehr Unternehmertum sein. Es braucht vor allem neuartige Organisationsformen und eine geeignete Kultur, die es unternehmerisch denkenden Menschen innerhalb bestehender Organisationen ermöglichen, am Ende auch wirklich unternehmerisch zu handeln. Wird ein Unternehmen derart ausgerichtet, dann werden auch die ambitioniertesten Ziele denkbar. Das Beispiel von Google unterstreicht dieses Potenzial.

Als Google im Jahr 2015 zu Alphabet umfirmiert, signalisiert dieser Umstand, dass eines der erfolgreichsten Unternehmen unserer Zeit nur als ein Baustein innerhalb einer größeren, unternehmerischen Strategie gedacht wird. Man könnte also sagen, dass der Buchstabe G für Google abgearbeitet ist und weitere 25 Buchstaben im Alphabet mit innovativen und unternehmerischen Vorhaben zu besetzen sind. Dies ist ein deutliches Signal für die Größe der Ambitionen, denn naturgemäß sollte jeder weitere Buchstabe mit einer unternehmerischen Initiative angegangen werden, die mindestens genauso groß zu werden verspricht, wie der eigentliche Ausgangspunkt der Unternehmensentwicklung: Google. Ohne außerordentliches unternehmerisches Engagement im Konzern wird ein solches Ziel jedoch niemals erreicht werden können. Corporate Entrepreneurship ist hier eine der wichtigsten Antworten auf diese Herausforderung.

Bücher entstehen nur selten im luftleeren Raum, einzig und allein durch das Zutun eines einsamen Autors. Das gilt auch für „Management: Corporate Entrepreneurship". Meinen (ehemaligen) Mitarbeitern und Doktoranden an der Universität Hohenheim, Martin P. Allmendinger, Christopher Arz, Leif Brändle, Dr. Elisabeth S. C. Berger, Anja Gaudig, Michael Kötting, Dr. Christoph Mandl und Patrick G. Röhm habe ich zu danken für etliche Vorrecherchen, Anmerkungen, Diskussionen und teilweise auch das Verfassen der Fallstudien, die viele theoretische Konzepte dieses Buchs aus einer praktischen Sicht verdeutlichen. Ihre jeweiligen Beiträge sind im Serviceteil unter „Überblick über die Fallstudien und deren Verfasser" aufgelistet.

Die Diskussionen mit den Teilnehmern meiner Vorlesung zum Corporate Entrepreneurship an der Universität Hohenheim seit dem Jahr 2012 waren ebenfalls hilfreich, interessante Themen und innovative Konzepte zu identifizieren und zu erproben. Gastvorträge von Experten aus der Praxis in dieser Veranstaltung haben ebenfalls dazu beigetragen, die theoretischen Abstraktionen mit wahrem Leben füllen zu können. Hier ist insbesondere Dr. Sebastian Dehnen (moovel GmbH), Dr. Karl Ludwig Kley (Bilfinger Venture Capital) und Dirk Nachtigal (BASF Venture Capital GmbH) für ihr nicht selbstverständliches Engagement zu danken.

Bei meiner Sekretärin Anne Konrad-Hipp stehe ich für etliche Korrekturrunden in der Schuld, die das Manuskript in Anspruch genommen hat. Eva-Maria Fürst hat als Lektorin bei Springer Gabler den Anstoß dazu gegeben, „Management: Corporate Entrepreneurship" innerhalb der Reihe „Studienwissen Kompakt" zu platzieren und ihre Kollegin Ann-Kristin Wiegmann war von unschätzbarer Hilfe, dieses Buchprojekt letztlich über die Ziellinie zu bewegen. Ihnen allen gilt mein Dank.

Univ.-Prof. Dr. Andreas Kuckertz
Hohenheim, im Sommer 2017

Über den Autor

◘ Univ.-Prof. Dr. Andreas Kuckertz

Univ.-Prof. Dr. Andreas Kuckertz leitet das Fachgebiet Unternehmensgründungen und Unternehmertum (Entrepreneurship) an der Universität Hohenheim und ist geschäftsführender Direktor des Instituts für Marketing & Management. Er ist Mitglied des Präsidiums des Förderkreis Gründungsforschung e. V. (FGF), der größten wissenschaftlichen Vereinigung im DACH-Raum zu den Themen Entrepreneurship, Innovation und Mittelstand. Weiterhin engagiert er sich als Mitglied der Editorial Boards u. a. des International Journal of Entrepreneurial Behaviour and Research und des Journal of Small Business Management.

Nach dem Studium der Kommunikations- und Medienwissenschaft, der Betriebswirtschaftslehre und der Philosophie an den Universitäten Marburg und Leipzig (2001 Abschluss als M.A.) wurde er 2005 an der Universität Duisburg-Essen mit einer Arbeit über Venture-Capital-Finanzierung summa cum laude promoviert. 2011 habilitierte er sich an der Fakultät für Wirtschaftswissenschaften der Universität Duisburg-Essen im Fach Betriebswirtschaftslehre mit einer kumulativen Arbeit über den Gründungsprozess innovativer Unternehmen. 2012 folgte er einem Ruf an die Universität Hohenheim, nachdem er zuvor den Lehrstuhl für Innovations- und Gründungsmanagement an der TU Dortmund vertrat.

Internationale Forschungsaufenthalte führten ihn u. a. an die Queensland University of Technology, die Turku School of Economics, die Universität Vaasa und die Cass Business School. Im European Council for Small Business and Entrepreneurship (ECSB) engagierte er sich von 2009 bis 2015 als Country Vice President Germany. Seine Forschungsarbeiten zu den verschiedensten Aspekten von Entrepreneurship, Strategie und Innovation sind in Zeitschriften wie dem Journal of Business Venturing, dem Journal of Business Research, der Zeitschrift für Betriebswirtschaft, Entrepreneurship & Regional Development, dem Strategic Entrepreneurship Journal oder auch Schmalenbachs Zeitschrift für betriebswirtschaftliche Forschung erschienen.

Inhaltsverzeichnis

1   **Was ist Corporate Entrepreneurship?** 1
      Andreas Kuckertz
1.1   Entrepreneurship: Grundlage des Corporate Entrepreneurship 2
1.2   Unternehmerische Orientierung: Ausdruck des Corporate
      Entrepreneurship 8
1.3   Ambidexterität: Balance von Bestehendem und Neuem 17
1.4   Lern-Kontrolle 22

2   **Intrapreneure: Unternehmerische Akteure in etablierten**
      Organisationen 25
      Andreas Kuckertz
2.1   Unternehmerische Akteure: Persönlichkeit, Werte und Aufgaben 26
2.2   Unternehmerische Akteure: Fördern des Engagements 35
2.3   Lern-Kontrolle 44

3   **Corporate Entrepreneurship und Unternehmenskultur** 47
      Andreas Kuckertz
3.1   Unternehmerische Organisationskultur: Charakteristika 48
3.2   Unternehmerische Organisationskultur: Erhalten und fördern 54
3.3   Kultur der zweiten Chance: Vorbedingung für Unternehmertum 59
3.4   Lern-Kontrolle 70

4   **Corporate Entrepreneurship mit Kooperationen umsetzen** 71
      Andreas Kuckertz
4.1   Startup-Corporate-Kooperation: Grundlagen 72
4.2   Kooperation durch Inkubatoren, Company Builder,
      Akzeleratoren: Startup Unterstützung als strategisches Instrument 82
4.3   Kooperation durch Investition: Mit Corporate-Venture-Capital
      von Startups profitieren 87
4.4   Lern-Kontrolle 94

      Serviceteil 97
      Tipps fürs Studium und fürs Lernen 98
      Überblick über die Fallstudien und deren Verfasser 103
      Glossar 105
      Literatur 107

Was ist Corporate Entrepreneurship?

Andreas Kuckertz

1.1 Entrepreneurship: Grundlage des Corporate Entrepreneurship – 2

1.2 Unternehmerische Orientierung: Ausdruck des Corporate Entrepreneurship – 8

1.3 Ambidexterität: Balance von Bestehendem und Neuem – 17

1.4 Lern-Kontrolle – 22

© Springer Fachmedien Wiesbaden GmbH 2017
A. Kuckertz, *Management: Corporate Entrepreneurship,* Studienwissen kompakt,
https://doi.org/10.1007/978-3-658-13066-4_1

Lern-Agenda
In diesem Kapitel werden Sie lernen,
- dass Unternehmertum auch in etablierten Organisationen möglich und notwendig ist,
- wie Unternehmertum in etablierten Organisationen über die unternehmerische Orientierung beschrieben werden kann und
- wie das Tagesgeschäft mit neuen unternehmerischen Initiativen ausbalanciert werden kann.

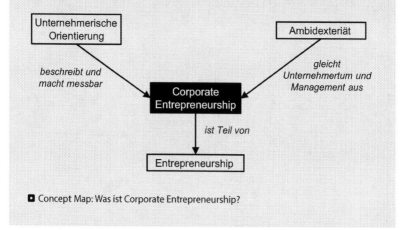

◘ Concept Map: Was ist Corporate Entrepreneurship?

1.1 Entrepreneurship: Grundlage des Corporate Entrepreneurship

Entrepreneurship (auch: Unternehmertum) wird oftmals mit der Gründung von Startups gleichgesetzt, das heißt der Errichtung von hochgradig innovativen und technologieorientierten Unternehmen. Diese Perspektive ist nicht falsch, verkürzt das Phänomen aber unnötig. Unternehmerisches Handeln ist nicht nur in diesem speziellen Unternehmenstypus möglich, sondern auch von Wert in Organisationen von ganz anderem Charakter. Der Managementguru Peter Drucker war einer der Ersten, die auf das Potenzial von Entrepreneurship über den offensichtlichen Kontext eines Startups hinaus hingewiesen haben:

» Entrepreneurship fußt auf denselben Prinzipien, ganz gleich ob der Unternehmer eine existierende große Organisation ist oder ein Individuum, welches sein oder ihr Unternehmen allein startet. Es macht wenig oder keinen Unterschied, ob der Unternehmer für eine geschäftliche oder nicht-geschäftliche Organisation des öffentlichen Dienstes steht, und auch nicht, ob der Unternehmer eine Regierungs- oder Nichtregierungsorganisation ist. Die Regeln sind mehr oder minder dieselben, die Dinge, die funktionieren, sind mehr oder minder dieselben, und auch die Typen von Innovationen und wo sie gesucht werden können. In jedem Fall existiert eine Disziplin, die wir unternehmerisches Management nennen können (orig.: Entrepreneurship is based upon the same principles, whether the entrepreneur is an existing large institution or an individual starting his or her new venture single-handed. It makes little or no difference whether the entrepreneur is a business or a non-business public-service organization, nor even whether the entrepreneur is a governmental or nongovernmental institution. The rules are pretty much the same, the things that work and those that don't are pretty much the same, and so are the kinds of innovations and where to look for them. In every case there is a discipline we might call Entrepreneurial Management) [21].

Entrepreneurship ist folglich ein Überbegriff, der eine ganze Reihe von verschieden Perspektiven vereint, und so widmet sich die Forschung zum Entrepreneurship der Frage [61] „wie Individuen basierend auf einer Gelegenheit jeglichen wachstums- orientierten Gestaltungsprozess effektiv organisieren (orig.: … how individuals on the basis of opportunity effectively organize any growth-oriented creation process)". Wichtig in dieser Beschreibung ist der Begriff ‚jeglichen‘: Es kann eben sowohl um klassische Unternehmensgründungen im High-Tech-Bereich gehen [57], um eher weniger innovative Handwerksgründungen, vielleicht auch um die Errichtung von Organisationen, die auf eine soziale oder nachhaltige gesellschaftliche Wirkung [65] hin ausgerichtet sind – aber eben auch um etablierte Organisationen, die sich wei- terentwickeln wollen.

> **Merke!**
>
> **Entrepreneurship** ist das effektive Nutzen von Gelegenheiten, einen wachstums- orientierten Gestaltungsprozess in Gang zu setzen.

Entrepreneurship ist also auch ein geeignetes Mittel, das etablierten wirtschaftlichen Organisationen dazu dienen kann, ihre strategischen Ziele zu erreichen [32]. Diese letzte Perspektive ist Gegenstand des vorliegenden Buches und wird mit dem Begriff *Corporate Entrepreneurship* gekennzeichnet. Alternativ wird die Idee, den unterneh- merischen Gedanken auch im Kontext etablierter Unternehmen zu betrachten, mit

Begriffen belegt wie Entrepreneurial Management, unternehmerisches Management, Organizational Entrepreneurship, Intrapreneurship oder Corporate Venturing.

Allen diesen Ansätze ist gemein, dass es – leicht tautologisch – um „Unternehmertum im Unternehmen" [32] geht und unternehmerisches Verhalten von und in Organisationen betrachtet wird, die lange über die Phase ihrer ursprünglichen Errichtung hinaus sind. Es ist dabei das Ziel, auch etablierte Unternehmen so agil, flexibel und kreativ zu halten wie ihre jungen Wettbewerber, die gerade erst gestartet sind. Darüber wollen etablierte Unternehmen neue Geschäftsmodelle für sich finden und vollkommen neue Märkte erobern [90]. Gelingt dies, so schafft Corporate Entrepreneurship im Unternehmen erhöhte Proaktivität aller Beteiligten, innovative Projekte und die Bereitschaft, sich unsicheren und riskanten Situationen auszusetzen.

Merke!

Corporate Entrepreneurship bezeichnet sämtliches unternehmerisches (das heißt proaktives, innovatives und risikoaffines) Verhalten von und in etablierten Unternehmen und Organisationen.

Mehr Unternehmertum in etablierten Unternehmen anzustreben, hat sich folglich über die letzten Jahre eindeutig zu einem Trend entwickelt. Etliche Konzerne und Mittelständler machen Corporate Entrepreneurship zum Teil ihrer Gesamtunternehmensstrategie und erproben die unterschiedlichsten Instrumente (▶ Kap. 4), um dieses Ziel zu erreichen. Auch hat man verstanden, dass Aus- und Weiterbildung zum Thema Unternehmertum bedeutsam ist [58] – was dort gelernt wird, hilft nicht nur, neue Unternehmen erfolgreich durch den Gründungsprozess zu bewegen, sondern ist auch im Kontext etablierter Organisationen von entsprechendem Nutzen. Wer unternehmerisch zu denken gelernt hat und sich an unternehmerischen Wertvorstellungen orientiert, der ist in vielen Unternehmen ein gesuchter Arbeitnehmer.

Welche Entwicklungen aber sind ursächlich für diese Erfolgsgeschichte? Grundsätzlich haben Unternehmen erkannt, dass eine unternehmerische Grundhaltung dazu dienlich sein kann, vor allen Dingen mit den Erfordernissen einer immer turbulenter werdenden Unternehmensumwelt umzugehen. Fast jedes Unternehmen wird durch externe Entwicklungen unter Zugzwang gesetzt, die man nicht ausblenden kann und gleichzeitig nicht vollständig unter Kontrolle halten kann. Zu diesen Entwicklungen sind mindestens acht Trends zu zählen [82]:

1. Zuallererst geraten Unternehmen durch *kundenseitige Veränderungen* in Bedrängnis. Ganz gleich in welcher Branche, die Erwartungshaltung von Kunden gegenüber Unternehmen steigt und Bedürfnisse differenzieren sich derart aus, dass zunehmend fragmentierte Märkte entstehen. Angebote mit einem höheren Individualisierungsgrad sind die logische Konsequenz, die gleichzeitig mit der

Notwendigkeit einer längeren Kundenbindung einhergeht, um die Kosten für dieses umfangreichere Leistungsangebot kompensieren zu können.

2. Rasante *technologische Entwicklung* setzt Unternehmen ebenfalls unter Druck. Gerade im Bereich der Informations- und Kommunikationstechnologien sind über die letzten Jahrzehnte große Innovationssprünge zu beobachten gewesen und die Wahrscheinlichkeit ist hoch, dass diese Entwicklung auch in Zukunft Bestand haben wird. Beispielsweise stellt das Ziel der Informatisierung der Produktion unter dem Stichwort Industrie 4.0 aktuell vor allem viele kleine und mittelständische Unternehmen vor exorbitante Herausforderungen.

3. Auf Seiten der *Wettbewerber* lässt sich eine ansteigende Wettbewerbsaggressivität beobachten. Nicht nur direkte Wettbewerber erhöhen den Druck innerhalb einer Branche, vielfach müssen Unternehmen sich auch Herausforderern stellen, mit deren Markteintritt nicht zu rechnen war. Dies erschwert die Differenzierung des eigenen Angebotes und macht das Entwickeln von Alleinstellungsmerkmalen zur entsprechenden Herausforderung.

4. Auch *rechtliche* und *ethische Standards* verschärfen sich – zumindest in den entwickelten Volkswirtschaften. Dadurch werden Unternehmen zunehmend rechenschaftspflichtig. Gleichzeitig führt der über die letzten Jahrzehnte gewachsene Wohlstand dazu, dass die verschiedensten Anspruchsgruppen eines Unternehmens vermehrtes ethisches und verantwortliches Verhalten einfordern.

5. Weitere grundsätzliche Herausforderungen für Unternehmen resultieren aus den makroökonomischen Verhältnissen. Die *wirtschaftliche Umwelt* eines Unternehmens ist zunehmend unkalkulierbar geworden; Prognosen stellen sich aktuell noch viel zweifelhafter dar, als sie es in der Vergangenheit schon immer gewesen sind. Krisen wie die Subprimekrise ab dem Jahr 2007 oder die Eurokrise seit 2010 verdeutlichen die Unprognostizierbarkeit der generellen wirtschaftlichen Verhältnisse.

6. Auch Entwicklungen in der *Arbeitsumwelt* stellen Unternehmen vor Schwierigkeiten. Qualifizierte Fachkräfte sind in vielen Volkswirtschaften eine außerordentlich knappe Ressource, gleichzeitig verschieben sich die Werte und Einstellungen von Arbeitnehmern, und Unternehmen dürfen nicht mehr auf die uneingeschränkte Loyalität ihrer Angestellten hoffen.

7. Auch die *Ressourcenumwelt* geht mit Konsequenzen für Unternehmen einher. Wenn sich mittel- bis langfristig eine auf fossilen Ressourcen wie Erdöl beruhende Wirtschaft hin zu einer wissensbasierten Bioökonomie [11] transformiert, die auf nachwachsenden Rohstoffen gründet, dann erfordert dies beispielsweise ein substanzielles Neudenken und Hinterfragen grundlegender Produktionsprozesse.

8. Zuletzt sorgen auch *Globalisierungstendenzen* für Herausforderungen. Flüchtlingsströme werden europäische Gesellschaften potenziell verändern, internationale Zusammenarbeit und auch Konkurrenz erhöhen die Komplexität [7] wirtschaftlichen Handelns.

Alle diese Entwicklungen wollen bedacht sein, wenn Unternehmen langfristig ausgerichtet werden. Damit es gelingt, die vielfältigen Chancen zu heben, die in all diesen Herausforderungen und Schwierigkeiten verborgen liegen, müssen Unternehmen sich eine Reihe von Fähigkeiten erhalten bzw. diese neu entwickeln [82]. Erfolgreiche Unternehmen nehmen neue technologische Entwicklungen zügig auf und passen sich schnell an veränderte Kundenbedürfnisse an (Adaptionsfähigkeit). Sie zeichnen sich durch die Fähigkeit aus, Strategien und Prozesse zu entwickeln, die den diversen und sich stetig verändernden Bedürfnisse aller Anspruchsgruppen genügen (Flexibilität). Dies schaffen sie schnell (Geschwindigkeit) und immer dann, wenn Gelegenheiten zum Handeln in Erscheinung treten.

Auch zeichnen sich erfolgreiche Unternehmen durch Fokus und einen proaktiven Ansatz aus, der darauf zielt, eindeutig besser als Wettbewerber zu sein (Aggressivität) und Kunden über alle Maßen zufriedenzustellen. Dazu ist eine Priorität auf das Neue unerlässlich (Innovativität). Kurz gesagt: Unternehmen müssen Fähigkeiten entwickeln, die es ihnen erlauben, unternehmerisch zu handeln. Sie müssen Corporate Entrepreneurship betreiben, um eine adäquate Antwort auf die genannten Herausforderungen geben zu können.

In der akademischen Literatur wird das Thema Corporate Entrepreneurship seit etwa den 1980er-Jahren behandelt und hat sich seitdem kontinuierlich weiterentwickelt [31]. Während die ersten Konzepte stark mit dem strategischen Management verwandt waren und aus diesem heraus entwickelt wurden, verschob sich der Fokus in der Folge eher auf eine marktorientierte Sichtweise. Hier klang bereits das Thema der Innovation an, wurde aber weniger im Sinne von Forschung und Entwicklung (F&E) oder eines klassischen Innovationsmanagements behandelt, als vielmehr mit einer Konzentration auf die Neuproduktentwicklung.

Mit den 1990er-Jahren kristallisiert sich schließlich die noch heute gültige Sicht heraus: Corporate Entrepreneurship adressiert Fragen der strategischen Erneuerung, der Entwicklung von neuen Geschäftsfeldern und fragt sich ganz allgemein, wie auch etablierte Unternehmen und nicht nur Startups unternehmerische Gelegenheiten [59] nutzen können. Dies kann formell oder informell geschehen, das heißt unternehmerische Initiativen in etablierten Unternehmen können zum einen das Resultat von offiziellen Programmen sein, aber auch informell aus günstigen Rahmenbedingungen entstehen, die unternehmerisches und proaktives Verhalten von Angestellten erlauben und fördern (▶ Kap. 2), ohne eine bestimmte Stoßrichtung vorzugeben.

◘ Tab. 1.1 macht deutlich, dass Druckers einleitende Bemerkung zu Beginn des Kapitels [21] zwar wichtig ist, da sie die Tragweite des unternehmerischen Gedankens verdeutlicht – gleichzeitig ist unternehmerisches Handeln in jungen Unternehmen (Startups) aber nicht komplett gleichzusetzen mit unternehmerischem Handeln in etablierten Unternehmen. Etliche an Corporate Entrepreneurship interessierte Organisationen haben in der Umsetzung schnell realisieren müssen, dass es zwar sinnvoll ist, sich von der Startup-Welt inspirieren zu lassen (▶ Abschn. 4.1), dass aber gleichzeitig angesichts vieler

◘ **Tab. 1.1** Entrepreneurship in jungen und in etablierten Unternehmen im Vergleich. (In Anlehnung an Engelen et al. [24])

	Junge Unternehmen	Etablierte Unternehmen
Wie werden Gewinne verteilt?	Unbegrenztes Aufwärtspotenzial für den Unternehmer	Unbegrenztes Aufwärtspotenzial für das Unternehmen, begrenztes Aufwärtspotenzial für unternehmerisch aktive Personen
Wie ist das Risiko verteilt?	Risiko liegt beim Unternehmer	Unternehmen trägt generelles Risiko, unternehmerisch aktive Personen tragen Karriererisiko
Unter welchen Rahmenbedingungen findet Unternehmertum statt?	Unternehmer ist frei zu experimentieren und radikal umzuschwenken (Pivot)	Freiheit muss geschaffen werden – administrative Anforderungen und Verfahrensweisen begrenzen unternehmerische Aktivität
	Entscheidungen können zügig getroffen werden	Entscheidungen hängen ab von übergeordneten Instanzen und längeren Freigabezyklen
Wie gestalten sich die Eigentumsverhältnisse?	Unternehmer hat das Eigentum am Unternehmenskonzept	Unternehmen hat das Eigentum am Konzept der unternehmerischen Initiative
	Unternehmer hat Eigentum am ganzen Unternehmen oder einem bedeutsamen Anteil	Unternehmerisch aktive Personen haben keinen oder wenig bedeutsamen Anteil an der unternehmerischen Initiative
Welche Mittel sind verfügbar?	Mittel sind extrem begrenzt	Umfangreiche materielle und immaterielle Ressourcen sind vorhanden, die zum Erfolg einer unternehmerischen Initiative beitragen können
Welche Bedeutung kommt der Gefahr des Scheiterns zu?	Scheitern gefährdet das ganze Unternehmen, ist aber in der Startup-Welt akzeptiert	Unternehmen kann Scheitern einer unternehmerischen Initiative in der Regel kompensieren – Scheitern ist in der Konzernwelt jedoch nicht akzeptiert

organisationaler Rahmenbedingungen unternehmerische Vorhaben mit ganz anderen Herausforderungen umgehen müssen. Corporate Entrepreneurship ist damit als eine *eigenständige Teildisziplin* des weiter gefassten Unternehmertums (Entrepreneurship) zu verstehen. Wenn es einem etablierten Unternehmen gelingt, Corporate Entrepreneurship umzusetzen, so ist von grundsätzlich positiven Effekten auszugehen – insbesondere, wenn die unternehmerische Strategie zum richtigen Zeitpunkt und im richtigen Ausmaß realisiert wird. Erhöhte Performance ist dabei aber nicht das alleinige Ziel, richtig betriebenes Corporate Entrepreneurship geht mit einer Reihe positiver *Konsequenzen* einher, die nicht immer direkt quantifizierbar sind. Zu diesen zählen [24],

- der Aufbau einer überlegenen Fähigkeit, interessante und vielversprechende Chancen zum unternehmerischen Handeln überhaupt erst zu identifizieren,
- die Ausrichtung und Fokussierung des Unternehmens vor allem auf attraktive Segmente im Markt, die sich durch eine entsprechend hohe Zahlungsbereitschaft auszeichnen,
- der Aufbau von Monopolstellungen zumindest für einen gewissen Zeitraum resultierend aus proaktivem unternehmerischem Handeln, welches zu First-Mover-Vorteilen führt sowie
- einer erhöhten Attraktivität des Unternehmens für alle Partner aus der Wertschöpfungskette, die zu einer bevorzugten Behandlung und erhöhten Kooperationsbereitschaft führt.

> **Auf den Punkt gebracht:** Corporate Entrepreneurship ist ein Untergebiet des allgemeineren Entrepreneurship (Unternehmertum) und befasst sich vor allen Dingen mit unternehmerischem Verhalten von und in etablierten Unternehmen und Organisationen. Es stellt eine geeignete Antwort auf viele aktuelle Herausforderungen dar, die Unternehmen unter Druck setzen und zum Handeln zwingen. Zu diesen Herausforderungen zählen beispielsweise veränderte Kundenbedürfnisse und fragmentierte Märkte, technologische Entwicklungen oder ein verändertes und turbulentes Wettbewerbsumfeld. Innovativität, Proaktivität und Risikofreude zählen dabei zu den Eigenschaften, die einem Unternehmen helfen, diese Herausforderungen in Chancen zu verwandeln.

1.2   Unternehmerische Orientierung: Ausdruck des Corporate Entrepreneurship

Ein Unternehmen, das sich durch ein hohes Maß an Corporate Entrepreneurship auszeichnet, weist eine hohe *unternehmerische Orientierung* (Entrepreneurial Orientation) auf [72]. Der Grundgedanke dieses Ansatzes ist es, Konzepte der Entrepreneurshipforschung von der Individualebene auf die organisationale Ebene zu übertragen [1]. Das heißt, Faktoren, die zur Beschreibung außerordentlich unternehmerischer Persönlichkeiten konzipiert wurden, werden auf Unternehmen als Ganzes übertragen:

» Ein wesentlicher Aspekt in der Diskussion um Corporate Entrepreneurship ist die Übertragung des Entrepreneurship-Gedankens aus der Sicht eines einzelnen Unternehmers auf eine ganze Organisation, die wie ein Unternehmer handeln soll, also eine hohe unternehmerische Orientierung aufweisen soll [32].

Eine Betrachtung der Dimensionen des *General Enterprising Tendency Tests* (GET) [12], der die unternehmerische Einstellung eines Individuums (▶ Abschn. 2.1) messbar macht, zeigt, wie diese Übertragung von der Individualebene auf die organisationale Ebene funktioniert. Der GET fasst bestehende psychologische Forschung zu unternehmerischen Individuen zusammen und umfasst fünf Dimensionen. Danach zeichnet sich eine unternehmerische Persönlichkeit aus durch

- ein hohes Leistungsstreben ("Need for Achievement"),
- das Bedürfnis nach Autonomie,
- viel Antrieb und Bestimmtheit,
- die Bereitschaft zur Risikoübernahme sowie
- Kreativität und Innovationspotenzial.

Die unternehmerische Orientierung (◘ Abb. 1.1) auf der organisationalen Ebene greift etliche dieser Individualdimensionen auf und beschreibt dementsprechend das Niveau des Unternehmertums im Unternehmen als Ganzes oder auch auf der Ebene einzelner Geschäftsbereiche.

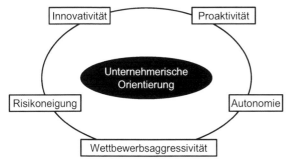

◘ **Abb. 1.1** Fünf Dimensionen der unternehmerischen Orientierung. (Nach Lumpkin und Dess [72])

> **Merke!**
>
> **Unternehmerische Orientierung** (Entrepreneurial Orientation) macht das Ausmaß von Corporate Entrepreneurship in einem Unternehmen bzw. in einem Teil davon fassbar und ist definiert durch die fünf Dimensionen Innovativität, Proaktivität und Risikoneigung in Kombination mit Wettbewerbsaggressivität und Autonomie.

Die ersten drei Dimensionen der unternehmerischen Orientierung gehen zurück auf Miller [80] und beschreiben eine Organisation über die ihr jeweils innewohnende Innovativität, Proaktivität und Risikoneigung.

1. *Innovativität* kann als Kerndimension der unternehmerischen Orientierung betrachtet werden. Unternehmerische Initiativen mit entsprechendem Aufwärtspotenzial zeichnen sich fast immer durch eine hohe Innovativität aus. Die Innovativitätsdimension der unternehmerischen Orientierung beschreibt folglich die Fähigkeiten und auch die grundsätzliche Bereitschaft eines Unternehmens, neuartige Aktivitäten, beispielsweise zur Entwicklung neuer Produkte oder neuer Märkte, anzugehen. Vielfach wird dies erreicht durch hohe Investitionen in Forschung und Entwicklung. Eine unternehmerische Organisation ist „mit dem Innovationsvirus angesteckt" [32]. Wie innovativ ein Unternehmen ausgerichtet ist, kann jedoch höchst unterschiedlich sein und von bloßen Absichtsbekundungen bis hin zur organisationsweiten Verpflichtung reichen, regelmäßig einen Beitrag zur Innovationsführerschaft des Unternehmens in der eigenen Branche leisten zu wollen [63].

2. *Proaktivität* im Unternehmen ermöglicht letztlich Innovation, sowohl in der Identifizierung von unternehmerischen Gelegenheiten gerade aber auch in der Realisierung und Umsetzung [69]. Die Proaktivitätsdimension ist immer dann hoch ausgeprägt, wenn innerhalb eines Unternehmens (frühes) Handeln vor Reagieren geht. Dies wird ermöglicht über antizipierende Prozesse, die ein Verhalten möglich machen, dass dem Wettbewerb vorausläuft. Proaktive Unternehmen suchen aktiv nach Gelegenheiten zum unternehmerischen Handeln, führen neue Produkte, Dienstleistungen, Prozesse oder Marken eher als der Wettbewerb ein und scheuen sich auch nicht, zügig Aktivitäten am Ende des Lebenszyklus zu eliminieren. Proaktivität ist dabei auf keinen Fall mit reiner Aktivität zu verwechseln: Während sich Aktivität auch als blinder Aktionismus äußern kann, setzt Proaktivität eine vorausschauende, antizipative Haltung voraus und basiert auf der Entwicklung von Szenarien und zielgerichteten Vorüberlegungen.

3. Die ersten beiden Dimensionen der unternehmerischen Orientierung müssen zwangsläufig mit einer im Vergleich zum Wettbewerb erhöhten *Risikoneigung* einhergehen. Diese ist zwar kein Selbstzweck, aber eine Konsequenz gerade aus der

Innovativitätsdimension. Unternehmen, die ins Risiko gehen, entscheiden und handeln auch dann, wenn sie mit substanziellen Unwägbarkeiten konfrontiert sind. Innovative Vorhaben gehen immer mit dem Risiko des Scheiterns [63] einher und Organisationen müssen dies möglich machen, beispielsweise über eine hohe Fehlertoleranz und eine entsprechende Fehlerkultur (▶ Abschn. 3.3).

Insbesondere die ersten beiden Dimensionen der unternehmerischen Orientierung tragen zum Unternehmenserfolg bei, während die Risikoneigung allein keine positiven Effekte aufweist [53]. Risiko ist eher als eine Konsequenz aus Innovativität und Proaktivität zu bewerten, welches Unternehmen zu tragen bereit sein müssen. Dieser dreidimensionale Entwurf der unternehmerischen Orientierung wurde in der Folge um zwei weitere, bedeutenden Dimensionen ergänzt [72], die damit helfen, ein umfassenderes Bild von Unternehmertum in etablierten Unternehmen zu zeichnen.

4. Unternehmen, die sich für Corporate Entrepreneurship engagieren, zeichnen sich durch eine hohe *Wettbewerbsaggressivität* aus. Das heißt, es werden umfangreiche Ressourcen bereitgestellt, um die proaktiv identifizierten Innovationsziele umsetzbar zu machen und das Unternehmen versucht nicht nur, sich in den Wettbewerb mit einer eigenen Positionierung einzufügen, sondern strebt danach, eindeutig besser als der Wettbewerb zu sein. Dieses Bedürfnis kann bis zum Ziel reichen, Wettbewerber aus dem Markt heraus zu drängen.

5. Wieweit einzelne Mitarbeiter, Teams oder Abteilungen die Freiheit haben, eigenständig Ideen für Unternehmertum zu entwickeln und auch zu realisieren, beschreibt die fünfte Dimension der unternehmerischen Orientierung: die *Autonomie*. Flache Hierarchien und ein hoher Delegationsgrad deuten hier ein hohes Niveau an und ermöglichen das selbständige Verfolgen von unternehmerischen Chancen. Autonomie kann sowohl dem einzelnen Mitarbeiter gewährt werden, kann sich aber auch darin äußern, in welchem Ausmaß einzelne Bereiche eines Unternehmens unabhängig handeln dürfen. Autonomie kann damit als Vorbedingung von Innovativität verstanden werden.

Varianten zur Beschreibung von Corporate Entrepreneurship finden sich beispielsweise mit dem Konzept des Entrepreneurial Management [103] oder mit Entwürfen [63], die aufgrund der potenziellen Nachteiligkeit insbesondere der Risikoneigung den Schwerpunkt beispielsweise insbesondere auf den Umgang mit Fehlschlägen [66] verschieben. Wie auch immer Corporate Entrepreneurship gefasst wird, es ist immer als ein probates Mittel zu verstehen, organisationale Trägheit und bürokratische Tendenzen in etablierten Unternehmen zu vermeiden und zu überwinden. Unternehmertum ist damit oftmals zentraler Bestandteil der Selbstdefinition eines Unternehmens (◘ Tab. 1.2).

Die *Auswirkung* von Corporate Entrepreneurship auf den Erfolg eines Unternehmens ist jedoch nicht trivial. So finden Rauch et al. [89] in einer Metastudie zwar

◘ Tab. 1.2 Unternehmensvisionen mit starkem unternehmerischem Anteil. (Nach Wunderer [109])

Unternehmen	Statements
IBM	„Jeder verhält sich auf eine unternehmerische, nicht bürokratische und produktive Art und Weise."
Siemens	„Wir erwarten von unseren Angestellten, dass sie Unternehmer in eigener Sache sind, dass sie die genauen Stärken und Wettbewerbsvorteile ihres Geschäfts erkennen, dass sie an sich selbst und den Erfolg glauben."
Ciba (jetzt BASF Schweiz)	„Wir bauen auf Unabhängigkeit auf; das heißt wir definieren Rahmenbedingungen vor, … wir fördern und belohnen unternehmerisches Verhalten und die Bereitschaft, ins Risiko zu gehen."
UBS	„Wir denken, entscheiden und verhalten uns unternehmerisch."
DaimlerChrysler (jetzt Daimler)	„Herausragende, innovative Produkte und Dienstleistungen stehen im Fokus und sind essentielle Bestandteile des wertgetriebenen Managements. Dies erfordert eine Managementphilosophie, die auf unternehmerischem Denken und Handeln fußt."

einen leicht positiven Zusammenhang zwischen der unternehmerischen Orientierung und dem Erfolg eines Unternehmens. Das bedeutet aber gleichzeitig, dass etliche empirische Studien existieren, in denen kein solch positiver Zusammenhang aufgefunden werden kann oder sich sogar negative Effekte zeigen. ◘ Tab. 1.3 zeigt, wie widersprüchlich sich die Ergebnisse der Forschung zur Erfolgswirksamkeit einer unternehmerischen Orientierung teilweise darstellen – zwischen Theorie und Empirie scheint ein Widerspruch zu bestehen.

Es ist daher verständlich, dass viele Manager vor neuen unternehmerischen Initiativen zurückscheuen, da sie das damit verbundene Risiko nicht zu tragen bereit sind. Unternehmertum geht mit dem Risiko extremer Fehlschläge einher, Unternehmen wollen sich daher nicht dem Risiko aussetzen, „das Boot zu versenken" [20]. In der Konsequenz sind sich jedoch viele Verantwortliche nicht darüber bewusst, dass sie mit einer solchen Vermeidungshaltung ein weiteres Risiko tragen, nämlich das Risiko „das Boot zu verpassen". Proaktivere und unternehmerischere Marktteilnehmer drohen immer, die bestehende Branchenlogik radikal zu verändern. Es gilt also Klarheit

▣ Tab. 1.3 Ausgewählte Studien zur Erfolgswirksamkeit von Corporate Entrepreneurship		
Studie	**Zentrales Ergebnis**	**Belegter Zusammenhang von Corporate Entrepreneurship und Unternehmenserfolg**
Wiklund und Shepherd [108]	Starker positiver Zusammenhang zwischen der Entdeckung und Nutzung von unternehmerischen Gelegenheiten und dem Unternehmenserfolg. Dieser Wirkungszusammenhang wird durch unternehmerische Orientierung verstärkt	Positiv
Lee und Peterson [71]	Starker positiver Zusammenhang zwischen internen Faktoren (unternehmerische Orientierung, finanzielle Ressourcen, technologische Kapazitäten) und der Unternehmensperformance	Positiv
Lumpkin und Dess [73]	Positiver Einfluss zweier Dimensionen der unternehmerischen Orientierung (Proaktivität und Wettbewerbsaggressivität) auf die Performance	Positiv
Zahra [110]	Positiver Zusammenhang zwischen Corporate Entrepreneurship und dem finanziellen Erfolg	Positiv
Covin et al. [15]	Neutraler Einfluss der organisatorischen Ausrichtung des Unternehmens (unternehmerische Orientierung) auf die Unternehmensperformance	Neutral
Frank et al. [26]	Negativer Zusammenhang zwischen unternehmerischer Orientierung und Unternehmenserfolg in Abhängigkeit bestimmter Unternehmenssituationen	Negativ
Tang et al. [104]	Umgekehrter U-förmiger Zusammenhang zwischen unternehmerischer Orientierung und dem unternehmerischen Erfolg	Neutral
Matsuno et al. [76]	Negativer Einfluss von unternehmerischer Orientierung auf die Finanzkennzahl ROI	Negativ

darüber zu schaffen, unter welchen Bedingungen mehr Unternehmertum die Methode der Wahl ist und wann möglicherweise eher zurückhaltend agiert werden sollte.

Die augenscheinlichen Widersprüche zum Zusammenhang von unternehmerischer Orientierung und Unternehmenserfolg liegen u. a. in den inhärenten Nachteilen der fünf Dimensionen der unternehmerischen Orientierung begründet. Jede der Dimensionen der unternehmerischen Orientierung geht mit ihren eigenen, potenziellen *Fallstricken* einher [47].

So kann ein Zuviel an Autonomie im Unternehmen zu einem mangelhaften Zusammenhalt führen und in einer Vielzahl von nicht aufeinander abgestimmten Aktivitäten münden. Innovativität mag in neuen Geschäftsmöglichkeiten enden, nicht jedes innovative Projekt muss jedoch erfolgreich sein und zu einem Markterfolg führen – Ressourcen für Forschung und Entwicklung drohen, fehlalloziiert zu werden. Proaktivität geht mit der Gefahr eines unfokussierten Aktionismus einher und eine reine Ausrichtung auf Risiko wird eher mit Glückspiel als mit unternehmerischem Gestalten gleichzusetzen sein. Zuletzt kann übertriebene Wettbewerbsaggressivität ruinös enden – insbesondere dann, wenn innerhalb eines Wettbewerbsumfelds zwei oder mehr Unternehmen mit vergleichbarer Einstellung auftauchen und sich gegenseitig ohne Rücksicht auf Verlust aus dem Markt zu drängen suchen, sodass am Ende niemand im Wettbewerb bestehen kann („Double Kill").

Die von Tang et al. [104] identifizierten umgekehrt U-förmigen Zusammenhänge zwischen unternehmerischer Orientierung und Unternehmenserfolg sind in diesem Kontext zu sehen – es existiert ein nicht genauer spezifizierbares Optimum unternehmerischer Orientierung, das zwischen den Extrempolen eines definitiven „zu wenig" und einem eindeutigen „zu viel" angesiedelt ist. Es besteht folglich das Erfordernis, gerade die extremen Ausprägungen einer unternehmerischen Orientierung umsichtig zu steuern. Gleichzeitig gilt es zu beachten, dass eine unternehmerische Orientierung unter den richtigen Rahmenbedingungen eingesetzt wird.

Der angenommen positive, kausale Zusammenhang zwischen einer vergleichsweise hohen unternehmerischen Orientierung und daraus folgender hoher Unternehmensperformance wird also beeinflusst durch wesentliche Charakteristika der Unternehmensumwelt [47]:

1. Unternehmerische Orientierung ist insbesondere erfolgswirksam in *dynamischen Umwelten*. Sich stetig ändernde Rahmenbedingungen zerstören kontinuierlich die Grundlagen der Wettbewerbsvorteile anderer Marktteilnehmer und bieten damit etliche Gelegenheiten zum unternehmerischen Handeln, wofür eine unternehmerische Orientierung essentiell ist.
2. *Heterogene Umwelten* zeichnen sich beispielsweise durch unterschiedliche Kundencharakteristika und Kundenbedürfnisse aus. Diese fragmentierten Märkte verursachen vielfältige unternehmerische Gelegenheiten, die ein Unternehmen mit hoher unternehmerischer Orientierung nutzen kann.

3. Raue Umfeldbedingungen fördern innovatives Verhalten als Quelle von notwendig zu generierenden Wettbewerbsvorteilen über hochgradig kompetitive Rivalen. Damit bewährt sich eine unternehmerische Orientierung in *feindlichen Umwelten*.

4. Unternehmertum benötigt Mittel – *ressourcenreiche Umwelten* stellen diese zur Verfügung. Wo Unternehmen Ressourcen besitzen (oder diese leicht einwerben können), die zur Nutzung unternehmerischer Gelegenheiten unabdingbar sind, trägt eine hohe unternehmerische Orientierung dazu bei, diese Ressourcen gewinnbringend zu investieren.

Unternehmerische Orientierung ist also nicht per se als erfolgswirksam zu bezeichnen – Unternehmen in dynamischen, heterogenen, feindlichen und ressourcenreichen Wettbewerbsumfeldern profitieren jedoch von ihr insbesondere gegenüber Unternehmen in stabilen, homogenen, freundlichen und kargen Kontexten.

> **Merke!**
>
> Ein **unternehmerisches Wettbewerbsumfeld** erfordert Corporate Entrepreneurship – es zeichnet sich aus durch Dynamik, Heterogenität, Feindseligkeit und Ressourcenreichtum.

Frank et al. [26] kombinieren einige der genannten Aspekte und zeigen in Abhängigkeit von der Dynamik der Umwelt und der Verfügbarkeit von Ressourcen für unternehmerische Initiativen, wo Unternehmertum Pflicht ist – und wo es schädlich ist (◘ Abb. 1.2). Corporate Entrepreneurship passt demzufolge in *Umwelten*, die sich durch Dynamik, Turbulenzen und Veränderungen auszeichnen und in denen gleichzeitig ausreichend Kapital (beispielsweise durch externe Investoren, die auf eine bestimmte Branche spezialisiert sind) zur Nutzung unternehmerischer Gelegenheiten zur Verfügung steht. Ist der Zugang zu Kapital erschwert oder die Umwelt eher als stabil einzuschätzen, so geht Corporate Entrepreneurship mit mehr Risiken als Erfolgspotenzialen einher und muss dann als eine weniger geeignete Strategie bewertet werden.

Auch haben empirische Studien gezeigt [24], dass Corporate Entrepreneurship insbesondere angemessen gerade für eher kleinere Unternehmen ist, in denen Entscheidungen per se zügig und flexibel umgesetzt werden können. Ebenso ist mehr Unternehmertum vielversprechend in Hochtechnologiebranchen, in denen aufgrund regelmäßig neu eingeführter Technologien Opportunitäten für neue Angebote fast zwangsläufig entstehen.

Richtig angewendet ermöglicht eine unternehmerische Orientierung dann den Ursprung neuer Ideen auf verschiedenen Ebenen einer Organisation [106], nicht nur

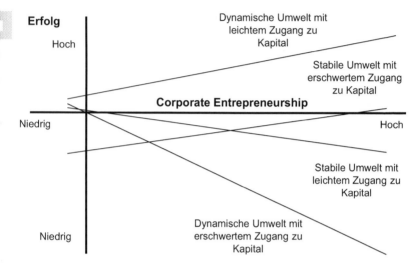

Erfolg

Hoch

Dynamische Umwelt mit leichtem Zugang zu Kapital

Stabile Umwelt mit erschwertem Zugang zu Kapital

Corporate Entrepreneurship

Niedrig

Hoch

Stabile Umwelt mit leichtem Zugang zu Kapital

Dynamische Umwelt mit erschwertem Zugang zu Kapital

Niedrig

◘ Abb. 1.2 Erfolgswirkung von Corporate Entrepreneurship in Abhängigkeit von Umwelteinflüssen. (In Anlehnung an Frank et al. [26])

allein auf der Ebene des Top-Managements. In der Konsequenz können neue Geschäftseinheiten aufgebaut und strategische, unternehmerische Vorstöße entwickelt und umgesetzt werden.

> **Auf den Punkt gebracht:** Corporate Entrepreneurship zeigt sich in einem hohen Maß an unternehmerischer Orientierung (Entrepreneurial Orientation). Diese unternehmerische Orientierung ist gekennzeichnet durch die Dimensionen Innovativität, Proaktivität, Risikoneigung, Wettbewerbsaggressivität und Autonomie. Zwar gehen alle diese Dimensionen mit potenziell positiven Effekten für die Unternehmensperformance einher, gleichzeitig bergen diese jedoch auch Gefahren. Es gilt daher, die unternehmerische Orientierung sorgsam auf ein angemessenes Niveau zu steuern und gleichzeitig die Besonderheiten der Unternehmensumwelt zu berücksichtigen. So bewährt sich eine hohe unternehmerische Orientierung insbesondere in dynamischen, heterogenen, feindlichen und ressourcenreichen Wettbewerbsumfeldern.

1.3 Ambidexterität: Balance von Bestehendem und Neuem

Unternehmen wissen in der Regel, dass sie das Neue und Unternehmerische wagen müssen, um langfristig am Markt zu bestehen – oftmals gelingt dies jedoch nicht. Wer sich zu sehr auf das Tagesgeschäft konzentriert, landet schnell in der sogenannten „Exploitation Trap"[101], das heißt einer Situation, in der die konsequente Ausnutzung des bestehenden Geschäfts (Exploitation) jegliches innovative und unternehmerische Verhalten sowohl auf individueller als auch auf organisationaler Ebene unterdrückt.

Wenn also mehr Unternehmertum nicht per se das Mittel der Wahl in allen Situationen ist, dann gilt es vielmehr, unternehmerische Initiativen mit dem Tagesgeschäft in ein *ausgewogenes Verhältnis* zu setzen. ◘ Tab. 1.4 zeigt, was dazu nötig ist – Unternehmen müssen einerseits das Neue angehen (Exploration) und andererseits im bestehenden Geschäft Exzellenz entwickeln (Exploitation).

Merke!

Exploration umfasst alle Aktivitäten eines Unternehmens, die darauf gerichtet sind, über neue und innovative Vorhaben zusätzliche Wettbewerbsvorteile zu generieren.

Merke!

Exploitation umfasst alle Aktivitäten eines Unternehmens, die darauf gerichtet sind, Exzellenz und Effizienz im bestehenden Geschäft zu ermöglichen.

◘ **Tab. 1.4** Unternehmerische Aufgaben (Exploitation) vs. Managementaufgaben (Exploitation). (In Anlehnung an Kollmann et al. [50])

Exploration	Exploitation
Vorteile generieren	Vorteile erhalten
Effektivität	Effizienz
Adaptionsfähigkeit	Anpassung
Revolutionärer Wandel	Inkrementeller Wandel
Disruption	Evolution
Radikale Innovation	Inkrementelle Innovation
Neue Technologien	Existierende Technologien
…	…

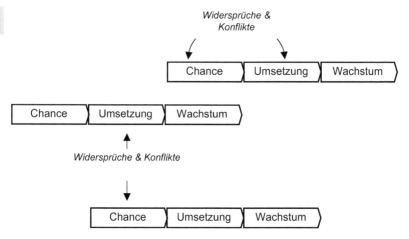

◘ Abb. 1.3 Widersprüche und Brüche. (In Anlehnung an Kollmann et al. [50])

Das heißt, Aufgaben, die klassischerweise Managementaufgaben darstellen, wie die Steigerung der Effizienz, die stetige und inkrementelle Verbesserung oder auch die Anpassung an das bestehende Wettbewerbsumfeld müssen in Einklang gebracht werden mit eher unternehmerischen Aufgaben, wie der Generierung neuartiger Wettbewerbsvorteile, dem radikalen Innovieren oder der Entwicklung neuartiger Technologien.

Exploratives und exploitatives Verhalten eines Unternehmens folgen jedoch komplett unterschiedlichen Logiken. ◘ Abb. 1.3 verdeutlicht die Schwierigkeiten, denen sich Unternehmen ausgesetzt sehen, die danach streben, sowohl die unternehmerische Aufgabe als auch die Managementaufgabe zu erfüllen.

Drei vereinfachte unternehmerische Prozesse, die zu unterschiedlichen Zeitpunkten beginnen, stehen dort nebeneinander. Aus der Wahrnehmung einer Chance zu einer unternehmerischen Initiative folgt deren Umsetzung und im Falle der Marktakzeptanz des neuartigen Angebots ein Wachstum des Unternehmens. Während es augenfällig ist, dass der Übergang von einer eher kreativen Phase – wie beispielsweise der Wahrnehmung einer unternehmerischen Gelegenheit – zur Phase der konkreten Umsetzung bereits ein Umschwenken erfordert und die Akteure andere Kompetenzen und Fähigkeiten einbringen müssen, um den Fortschritt des Projektes zu sichern, ist es auf den ersten Blick nicht ganz so eindeutig, welche Schwierigkeiten aus der Verfolgung mehrerer unternehmerischer Initiativen in unterschiedlichen Entwicklungsstadien folgen. Widersprüche, Brüche und unterschiedliche Logiken machen nicht nur den Sprung von einer Phase in die nächste Phase schwierig; wenn eine Organisation gleichzeitig gefordert ist, Chancen zu erkennen und das Wachstum in einem anderen Bereich sicherzustellen, so führt auch das zu immensen Herausforderungen.

Wie können Unternehmen dieser Situation entkommen? Eine ausgeglichene Perspektive, das heißt ein Ausbalancieren von Effizienz und Effektivität, ist hier die Lösung [50], ein reiner Fokus auf nur eine Seite der Unterscheidung von Exploration und Exploitation erweist sich hingegen in der Regel als nachteilig. Das Konzept der *Ambidexterität* („Beidhändigkeit") adressiert diese Problematik – wer sich vergegenwärtigt, wie selten aber Menschen sind, die wirklich beide Hände gleich gut unter Kontrolle haben, dem wird auch klar, vor welcher Herausforderung Unternehmen stehen, die „beidhändig" das Neue und das Bestehende austarieren wollen. Ambidexterität zielt also auf die organisationale Herausforderung ab, gleichzeitig Aufgaben zu bewältigen, die sich offenkundig gegenseitig widersprechen.

Der Begriff wird in der Managementliteratur seit den 1970er-Jahren verwendet [22], um zu unterstreichen, dass unterschiedliche organisationale Strukturen notwendig sind, um unterschiedliche organisationale Aufgaben zu bewältigen. Insbesondere, wenn es um innovative und unternehmerische Vorhaben geht, müssen Unternehmen zwischen den jeweils dazu passenden Organisationsformen wechseln können. Es gilt, auf der Ebene einzelner Geschäftseinheiten gleichzeitig explorativ und exploitativ handeln zu können [29]. Ambidexteres Management hilft, dieses anspruchsvolle Ziel zu erreichen.

> **Merke!**
>
> **Ambidexteres Management** ist definiert als das duale Management augenscheinlich widersprüchlicher Aufgaben – insbesondere explorativer und exploitativer Innovationstätigkeit.

Man könnte vermuten, dass Unternehmen, die ambidexteres Management verfolgen, aufgrund ihrer inneren Zerrissenheit und etlicher organisationaler Widersprüche wirtschaftlich schlechter am Markt abschneiden als ihre klar ausgerichtete und fokussierte Konkurrenz. Dies ist jedoch nicht der Fall. Beispiele wie Nokia, GlaxoSmithKline, Seiko, Hewlett-Packard oder auch Johnson & Johnson [50] stehen für Unternehmen, denen es in der Vergangenheit zumindest zeitweilig gelungen ist, erfolgreich beide widersprüchlichen Aufgaben zu lösen.

Aktuell pflegt Daimler weiter sein Image als Luxusmarke im Automobilbereich (Exploitation), gleichzeitig startet der Konzern jedoch explorative Initiativen, wie beispielsweise das Angebot von Car2Go, mit dem in mehr als 30 Städten weltweit die Potenziale der Share Economy ausgelotet werden sollen. Und nicht nur anekdotische Beispiele, sondern auch quantitativ-empirische Ergebnisse [29] legen nahe, dass ambidexter ausgerichtete Unternehmen Firmen im Markt überflügeln, die sich auf ein einzige Orientierung fixieren, sei es Exploration oder Exploitation. Prinzipiell sind drei *Herangehensweisen* an ambidexteres Management denkbar.

▪ Der erste denkbare Ansatz setzt darauf, das Unternehmen regelmäßig bewusst ins *Ungleichgewicht* zu setzen [22]. Das bedeutet, explorative und exploitative Aufgaben werden sequenziell abgearbeitet – lange Phasen klassischen Managements werden regelmäßig unterbrochen durch kurze Phasen des Unternehmertums. Offenkundig ist ein solcher Ansatz insbesondere für sehr große Unternehmen nie auf der Gesamtunternehmensebene, sondern allenfalls auf Ebene einzelner Geschäftsbereiche realisierbar – gleichzeitig machen es immer turbulentere Märkte schwierig, den richtigen Zeitpunkt zu identifizieren, an dem es gilt, die Organisation durch mehr Unternehmertum kurzzeitig aus dem Gleichgewicht zu bringen.

▪ Sinnvoller erscheint daher der Ansatz der *strukturellen Ambidexterität*. In diesem Fall wird ein Unternehmen in verschiedene „Innovationsströme" [105] eingeteilt, die sich jeweils selbst passend für ihre jeweilige Aufgabe organisieren (so beispielsweise [92] über eine eigene Corporate-Venture-Capital-Gesellschaft ▶ Abschn. 4.3). Die Grundidee liegt in der organisationalen Trennung und geht davon aus, dass unterschiedliche Teile einer Organisation am besten damit umgehen können, eine angemessene Passung zwischen ihrer Organisationsform und ihrer primären Aufgabe herzustellen. Das ist insbesondere auch bei disruptiven Innovationen sinnvoll [14]: Da sich disruptive Innovationen zumindest anfänglich durch einen unbestimmten Markt und eine technische Unterlegenheit im Vergleich zu etablierten Produkten auszeichnen, die sich dann im Zeitverlauf in höherwertige Märkte entwickeln, haben gerade etablierte Unternehmen Schwierigkeiten, derartige Vorhaben innerhalb des bestehenden organisationalen Rahmens zu realisieren. Strukturelle Ambidexterität, also die organisationale Trennung solcher Vorhaben von bestehenden Aktivitäten, trägt dann zum potenziellen Erfolg bei.

▪ *Kontextuelle Ambidexterität* überwindet die strukturelle Trennung und geht davon aus, dass einzelne Geschäftsbereiche [29] oder auch individuelle Mitarbeiter [50] in sich selbst ambidexter werden können und simultan beide Aufgaben erfüllen können. Während sich strukturelle Ambidexterität bewährt hat, stellt kontextuelle Ambidexterität aufgrund der Widersprüchlichkeit der gleichzeitig zu bewältigenden Aufgaben eine zugegebenermaßen große Herausforderung dar, scheint jedoch dennoch nicht komplett unmöglich. So liegen empirische Befunde vor [36], die zeigen, dass gerade in sehr dynamischen Umwelten kontextuell ambidextere Geschäftseinheiten größerer Unternehmen eine passende Antwort auf das Wettbewerbsumfeld darstellen.

Ambidexterität ist dabei eine Strategie, die vor allen Dinge das strategische Lernen ermöglicht. Um die explorativen und exploitativen Aufgaben miteinander in Einklang zu bringen, erscheint vor dem Hintergrund aktueller empirischer Ergebnisse [101] insbesondere der klassische Strategietyp des „Analyzers" [79] sinnvoll, das heißt eine

Positionierung des Unternehmens, die sich durch ein hohes Maß an Konzentration auf das Tagesgeschäft auszeichnet bei gleichzeitiger sorgfältiger Auswahl geeigneter unternehmerischer Initiativen. Ein Verzicht auf Unternehmertum (klassische Typen nach Miles und Snow „Defender" und „Reactor") ist ebenso wenig ratsam wie ein Exzess an Unternehmertum („Prospector"), welcher etablierte Unternehmen ständig komplett den Risiken eines jungen, nicht etablierten Unternehmens aussetzt. Das Beispiel von Daimler zeigt, wie ein etablierter Konzern über die strukturelle Anbindung von jungen Unternehmen danach strebt, den Aufgaben des ambidexteren Managements gerecht zu werden.

Beispiel: Wie Daimler junge Unternehmen strukturell an den Konzern bindet

Um das interne Unternehmertum zu fördern, steht Entscheidungsträgern in etablierten Unternehmen eine Vielzahl an Strategiealternativen zur Verfügung. Aufgrund der langen Entscheidungswege, dem oftmals hohem Bürokratieaufwand sowie festgefahrener Strukturen in Konzernen gestaltet sich die Umsetzung vielfach jedoch schwierig. Der Automobilkonzern *Daimler* versucht deshalb dieser Herausforderung mit der Gründung einer eigenen Tochtergesellschaft, der *moovel Group GmbH*, zu entgegnen.

Mit dieser Ausgliederung zielt *Daimler* dabei vorwiegend darauf ab, das externe Innovationsmanagement zu fördern. Aber auch die Digitalisierung des eigenen Geschäftsmodelles anzustoßen sowie die Identifizierung neuer Trends und Geschäftsmodelle zählen dabei zu den Zielen des Automobilkonzerns. Dies spiegelt sich auch im selbst-formulierten Ziel des ehemaligen *moovel* CEOs *Robert Henrich* wieder, der von der Vision sprach, das *Amazon* der Mobilität werden zu wollen. Seit seiner Gründung im Jahr 2012 bündelt *moovel* die Akquisitionen und Beteiligungen von *Daimler* an jungen Unternehmen. Alle Portfoliounternehmen eint ein ausgewiesener Schwerpunkt auf den Bereich der Mobilität. Dazu zählen beispielsweise das Taxivermittlungs-Unternehmen *mytaxi*, das Car-Sharing-Unternehmen *Car2Go* oder auch die App-basierten Mobilitätsplattformen *RideScout* und *moovel*. Zudem wurde mit *moovel labs* eine Plattform geschaffen, um zusammen mit Forschungseinrichtungen und Experten innovative, zukunftsträchtige Projekte im Bereich der Mobilität zu initiieren bzw. zu fördern.

Um vom Wissen, den Erfahrungen und der Technologie der Portfoliounternehmen zu profitieren, müssen diese in das Geschäft von *Daimler* integriert und bei Bedarf mit dem internen Innovationsmanagement verzahnt werden. Die Integration dieser oftmals sehr jungen Unternehmen nach der Übernahme ist dabei jedoch eine zentrale Herausforderung für *Daimler*, da sie sich in vielen Bereichen teilweise sehr stark unterscheiden. Besonders deutlich wird dieser Unterschied im Hinblick auf die zentralen Erfolgsfaktoren Kultur, Strategie und Organisation. Um diese Diskrepanzen möglichst harmonisch zu überwinden, fungiert *moovel* dabei als Bindeglied zwischen dem Mutterkonzern auf der einen und den Jungunternehmen auf der anderen Seite. Mit dieser Form der Organisation überwindet *Daimler* die Nachteile einer direkten Anbindung und profitiert zeitgleich in vielfacher Weise.

Durch die rechtliche wie auch teilweise örtliche Trennung von der Zentrale gewährt *Daimler* seinem Tochterunternehmen einen erheblichen Gestaltungsspielraum – insbesondere im Hinblick auf die Ausgestaltung von Strukturen und Prozessen. Diesen Freiraum kann *moovel* wiederum an die Portfoliounternehmen weitergeben, um diese schneller und effizienter zu integrieren. Zudem kann durch die Bündelung der Jungunternehmen in *moovel* das Wissen über die Zusammenarbeit und Integration junger Unternehmen konzentriert werden. Darüber hinaus ermöglicht es die Gründung von *moovel* auch Wissen und Erfahrungen nicht nur zwischen *Daimler* und den Jungunternehmen über eine einzige Schnittstelle zu transferieren, sondern gleichermaßen zwischen den Portfoliounternehmen selbst.

❯ Auf den Punkt gebracht: In etablierten Unternehmen müssen unternehmerische Initiativen mit dem bestehenden Geschäft in Einklang gebracht werden. Dies gelingt über ambidexteres (beidhändiges) Management, welches unternehmerische Aufgaben und Managementaufgaben sinnvoll zueinander in Bezug setzt. Ambidexterität kann auf drei Arten erreicht werden: im Zeitablauf, strukturell und kontextuell.

1.4 Lern-Kontrolle

Kurz und bündig

Corporate Entrepxreneurship ist eine Spezialform des Unternehmertums (Entrepreneurship). Über Corporate Entrepreneurship erreichen etablierte Unternehmen mehr unternehmerisches Verhalten sowohl auf der Gesamtunternehmensebene als auch bei einzelnen Angestellten. Notwendig wird Corporate Entrepreneurship, da vielfältige Entwicklungen etablierte Unternehmen unter Druck setzen, mit denen nur über eine bessere Adaptionsfähigkeit, Schnelligkeit, Flexibilität und Innovativität umgegangen werden kann. Corporate Entrepreneurship zeigt sich in einer angemessenen unternehmerischen Orientierung (Entrepreneurial Orientation). Dieses fünfdimensionale Konzept umfasst Innovativität, Proaktivität, Risikoneigung, Wettbewerbsaggressivität und Autonomie. Unternehmen, die in diesen Dimensionen hohe Werte aufweisen, sind insbesondere an dynamische, heterogene, feindliche und ressourcenreiche Wettbewerbsumfelder sehr gut angepasst. Corporate Entrepreneurship ist jedoch kein Selbstzweck; es muss mit dem Tagesgeschäft austariert werden. Das Konzept des ambidexteren Managements hilft, diese Balance zu erreichen.

❷ Let's check

1. Was ist Corporate Entrepreneurship und in welchem Verhältnis steht es zum Entrepreneurship?
2. Wie kann die unternehmerische Orientierung einer Organisation beschrieben werden?
3. Welche Möglichkeiten bestehen, ambidexteres Management zu realisieren?

❷ Vernetzende Aufgaben

1. Denken Sie an Ihren aktuellen oder letzten Arbeitgeber. Wie bewerten Sie das Unternehmen im Hinblick auf die fünf Dimensionen der unternehmerischen Orientierung?

2. Suchen Sie in der Wirtschaftspresse nach Beispielen von Unternehmen, die sich zu mehr Innovation und Unternehmertum bekennen. Können Sie zeigen, mit welchen Mitteln diese Unternehmen ihr Ziel erreichen wollen?

3. Identifizieren Sie – analog zum Beispiel Daimler/moovel Group – selbständig Beispiele für ambidexter ausgerichtete Unternehmen.

❶ Lesen und Vertiefen

– Hajizadeh-Alamdary, D. & Kuckertz, A. (2015). Corporate Entrepreneurship als neues Unternehmertum? Warum große Unternehmen externe Innovationsimpulse suchen und sich mit kleinen Startups vernetzen. In F. Keuper & M. Schomann (Hrsg.), *Entrepreneurship heute – unternehmerisches Denken angesichts der Herausforderungen einer vernetzten Wirtschaft* (S. 3–25.). Berlin: Logos.

– Kollmann, T., Kuckertz, A. & Stöckmann, C. (2009). Continuous Innovation in Entrepreneurial Growth Companies: Exploring the Ambidextrous Strategy. *Journal of Enterprising Culture*, 17(3), 297–322.

– Sirén, C., Kohtamäki, M. & Kuckertz, A. (2012). Exploration and Exploitation Strategies, Profit Performance and the Mediating Role of Strategic Learning: Escaping the Exploitation Trap. *Strategic Entrepreneurship Journal*, 6(1), 18–41.

Intrapreneure: Unternehmerische Akteure in etablierten Organisationen

Andreas Kuckertz

2.1   Unternehmerische Akteure: Persönlichkeit,
       Werte und Aufgaben – 26

2.2   Unternehmerische Akteure: Fördern
       des Engagements – 35

2.3   Lern-Kontrolle – 44

© Springer Fachmedien Wiesbaden GmbH 2017
A. Kuckertz, *Management: Corporate Entrepreneurship,* Studienwissen kompakt,
https://doi.org/10.1007/978-3-658-13066-4_2

Lern-Agenda

In diesem Kapitel werden Sie lernen,

- was genau ein Intrapreneur ist,
- welche Eigenschaften und Werte den Intrapreneur auszeichnen,
- was den Intrapreneur vom Manager und vom Entrepreneur unterscheidet und
- was Unternehmen tun können, um mehr Mitarbeiter zu unternehmerischer Aktivität zu animieren.

❏ Concept Map: Intrapreneure

2.1 Unternehmerische Akteure: Persönlichkeit, Werte und Aufgaben

Die unternehmerische Orientierung eines Unternehmens äußert sich nicht zuletzt auch darin, dass innerhalb einer Organisation proaktive Mitarbeiter unternehmerische Initiativen vorantreiben. Ganz gleich ob in etablierten oder jungen Unternehmen [61]: Das *Individuum* ist immer der Ausgangspunkt eines jeden unternehmerischen Prozesses. Im Idealfall wird so in etablierten Unternehmen der Mitarbeiter zum Mitunternehmenden [95]. Dazu ist nicht zwangsläufig Eigentum am Unternehmen nötig – ein hohes Maß an Identifikation mit dem Arbeitgeber und den Unternehmenszielen kann schon ausreichen, um Angestellte zu gefühlten Mitunternehmern zu machen.

Oftmals fokussieren sich etablierte Unternehmen jedoch in der Personalakquise auf konforme Mitarbeiter [24], das heißt Personen, die ihre beruflichen Aufgaben durchaus erfolgreich und gewissenhaft erledigen, sich perfekt in ein bestehendes Gefüge einpassen, aber auch genau bei den ihnen zugewiesenen Aufgaben stehen bleiben und nicht darüber hinaus denken wollen oder können. Diese Mitarbeiter werden nur in den seltensten Fällen unternehmerisch im Interesse der Gesamtorganisation aktiv werden. Damit bleibt das Unternehmen weit unter seinem Potenzial und so haben etliche Entscheider in der Unternehmenspraxis erkannt, dass mehr Unternehmergeist [63] unter den eigenen Mitarbeitern wünschenswert und notwendig ist.

Eine schnelle Lösung dieser Problematik (▶ Kap. 4) besteht in der Vernetzung von etablierten Unternehmen mit Startups [32]. Programme, die diese Vernetzung fördern, zielen nicht nur darauf, von jungen Unternehmen Zugang zu innovativen Technologien oder Geschäftsmodellinnovationen zu erhalten, sondern eben auch darauf, einen Zugriff auf *unternehmerische Talente* zu gewinnen, die sich in genau diesem Unternehmenstyp finden und in etablierten Unternehmen oftmals eine knappe Ressource darstellen. Im Idealfall finden sich diese unternehmerischen Talente aber nicht nur in kooperierenden Startups, sondern gerade auch direkt im eigenen Unternehmen.

Pinchot war der erste [88], der dieses Phänomen thematisiert hat, und dabei in Anlehnung an den Begriff des Entrepreneurs den verwandten Begriff des Intrapreneurs geprägt hat. *Intrapreneure* vereinen die Rolle des Managers mit der Rolle des Unternehmers und leben diese innerhalb etablierter Unternehmen aus. Intrapreneure sind folglich angestellte Mitarbeiter, die für ihren Arbeitgeber neue wirtschaftliche Aktivitäten anstoßen [9].

Merke!

Ein **Intrapreneur** ist ein angestellter Mitarbeiter eines etablierten Unternehmens, der aus eigenem Antrieb im Sinne seines Arbeitgebers unternehmerisch aktiv wird.

Die Situation eines Unternehmers und eines angestellten Mitarbeiters, der in einem bereits existierenden Unternehmen unternehmerisch aktiv wird, ist dabei durchaus vergleichbar (▶ Abschn. 1.1). Immer geht es darum [82],

- eine unternehmerische Gelegenheit überhaupt erst einmal wahrzunehmen und zu erkennen [69],
- ein neuartiges Geschäftskonzept zu entwickeln,
- auf die Schaffung von Werten abzuzielen,
- Ressourcen kreativ zu akquirieren,
- Widerstände gegen Neuartiges zu überwinden sowie
- Risiko zwar nicht zu suchen, aber bereit zu sein, dieses zu tragen.

Für Intrapreneure genauso wie für unabhängige Unternehmensgründer gilt es vor diesem Hintergrund, vor allem Verantwortung zu akzeptieren [95]. Wer aus eigenem Antrieb und nicht auf direkte Weisung handelt, kann die Konsequenzen des eigenen Handelns nicht auf andere abwälzen und muss diese Konsequenzen eben selbst verantworten. Selbstverständlich unterscheiden sich beide Situationen aber auch [82]. Für den unternehmerischen Angestellten liegt das Risiko seiner Aktivitäten eher im Karriererisiko, während der Unternehmer ein nicht zu unterschätzendes Existenzrisiko zu tragen hat.

Die Netzwerke aus Personen, die helfen können, eine unternehmerische Initiative zu realisieren, unterscheiden sich deutlich für einen Intrapreneur, der eher auf unternehmensinterne Netzwerke zugreifen wird, und einen Unternehmer, der ein kleines und junges Unternehmen aufbaut (Startup), und damit zwangsläufig über Unternehmensgrenzen hinweg aktiv werden muss. Und auch das Chancenpotenzial ist ein anderes: Gewinne eines Unternehmensgründers sind selbstverständlich seine und kompensieren das unternehmerische Risiko; die Gewinne, welche die unternehmerischen Aktivitäten eines Intrapreneurs potenziell erwirtschaften, sind Gewinne seines Arbeitgebers.

Empirisch [9] hat sich vor diesem Hintergrund gezeigt, dass das, was unternehmerische Initiative treibt, fast immer dasselbe ist (so beispielsweise Autonomiestreben, Interesse an Innovation und am Neuen, potenzieller wirtschaftlicher Erfolg, etc.); ob sich Unternehmertum jedoch in von Intrapreneuren getriebenem Corporate Entrepreneurship oder in komplett unabhängigem Unternehmertum zeigt, wird stark von den *institutionellen Rahmenbedingungen* einer Volkswirtschaft geprägt. Intrapreneure treten mehr als doppelt so häufig in entwickelten Volkswirtschaften auf, in denen sich unweigerlich eine größere Zahl größerer Unternehmen findet, die entsprechende Arbeitsplatzsicherheit und Karrierepfade bieten können.

Damit steigen die Opportunitätskosten freien Unternehmertums und unabhängige Unternehmer treten seltener auf (◘ Abb. 2.1.) Im globalen Vergleich [39] finden sich unabhängige Unternehmer dann nicht, wie vielleicht vor dem Hintergrund des Clichés zu vermuten wäre, in Ländern wie den Vereinigten Staaten, sondern vielmehr in faktorbasierten Volkswirtschaften, in denen mangels Alternativen Unternehmertum aus der Not heraus betrieben werden muss [68]. In entwickelten, innovationsbasierten Volkswirtschaften neigen unternehmerische Individuen jedoch eher dazu, ihre Ambitionen nicht in eine Unternehmensgründung zu kanalisieren, sondern sich vielmehr in der Weiterentwicklung bestehender Unternehmen zu engagieren – sie werden Intrapreneure. Gleichzeitig können Arbeitgeber dort, nicht zuletzt vor dem Hintergrund der gesamtgesellschaftlichen Entwicklung hin zu mehr Sinn am Arbeitsplatz und Individualität, deutlich besser mit autonomem Verhalten abhängig beschäftigter Mitarbeiter umgehen.

Intrapreneure finden sich in der Literatur unter einer Reihe verwandter Begriffe. Hierzu zählen eher poetische Bezeichnungen wie „Träumer, die handeln" [86], aber auch Begrifflichkeiten wie Internal Entrepreneur, Administrative Entrepreneur, Intra-Corporate Entrepreneur oder Corporate Entrepreneur. Einerlei, welchen Begriff man verwendet – allen Sichtweisen ist gemein, dass Intrapreneure aus allen Bereichen eines Unternehmens kommen können und nicht direkt verantwortlich für die Innovationsaktivitäten eines Unternehmens sind.

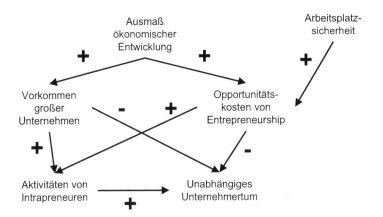

◻ Abb. 2.1 Der Einfluss des ökonomischen Entwicklungsstands von Volkswirtschaften auf unabhängiges Unternehmertum und Aktivitäten von Intrapreneuren [9]

Sie sind jedoch kompetente Experten und Wissensträger, die daran interessiert sind und das Potenzial haben, zum Innovationsprozess beizutragen, indem sie innovative Ideen generieren, und innovative Konzepte vorschlagen, unterstützen oder optimieren [42]. Sie übernehmen damit die Verantwortung für jedwede mögliche Variante von Innovation, insbesondere neue Produkte, Prozesse und Dienstleistungen, die dazu hilfreich sein können, ein Unternehmen wachsen zu lassen und profitabler zu machen [13].

Genau wie dem Entrepreneur, der seine Ideen unabhängig realisiert, werden dem Intrapreneur eine Reihe von Charaktereigenschaften zugeschrieben, die üblicherweise als förderlich betrachtet werden. Hierzu zählen [44]:

- Eine hohe *Leistungsmotivstärke*, das heißt der Wille, Leistung zu erbringen und sich mit herausfordernden beruflichen Aufgaben auseinanderzusetzen, ermöglicht das Verfolgen ambitionierter Ziele.
- Eine hohe *interne Kontrollüberzeugung*, das heißt der Glaube, für sein eigenes Schicksal und die Ergebnisse seines Handelns selbstverantwortlich zu sein (Selbstwirksamkeit bzw. Self-Efficacy [98]), erlaubt es, aus eigenem Antrieb aktiv zu werden.
- Der Drang danach, sich von Autoritäten unabhängig zu machen und sich selbst zu verwirklichen, artikuliert sich in einem entsprechenden *Unabhängigkeitsstreben*.

▬ Eine ausgeprägte *Problemorientierung* ist hilfreich, um sich auf die primären Einflussfaktoren eines unternehmerischen Projektes fokussieren zu können.

▬ *Risiko- und Ungewissheitstoleranz* sind notwendige Eigenschaften, um den immer ungewissen Ausgang einer unternehmerischen Initiative aushalten und auch bewältigen zu können. Unternehmerische Individuen sind daher auch entsprechend fehlertolerant [66].

▬ Physische und emotionale *Belastbarkeit* sind Eigenschaften, die es erlauben, auch unter Druck weiter leistungsfähig zu sein und notwendigerweise auftretende Frustrationen zügig zu verarbeiten.

▬ Der Wille, andere zu führen, äußert sich in einer entsprechenden *Durchsetzungsbereitschaft* und einem gesunden Dominanzbedürfnis.

▬ Gleichzeitig ist eine hohe *soziale Anpassungsfähigkeit* dazu dienlich, gerade in etablierten Unternehmen unternehmerische Projekte zu realisieren, die insbesondere im Anfangsstadium möglicherweise noch nicht offiziell sind.

Unglücklicherweise sind die genannten Eigenschaften eines Intrapreneurs zwar augenfällig dem Erfolg einer unternehmerischen Initiative dienlich – gleichzeitig zeigen sie sich aber auch bei Individuen (beispielsweise Leistungssportlern), die ausdrücklich nicht unternehmerisch aktiv sind. Die prognostische Relevanz dieser Charaktereigenschaften ist folglich begrenzt; es ist nicht möglich, beispielsweise aus der Kombination von hoher Leistungsmotivstärke, hoher Ungewissheitstoleranz und hoher internaler Kontrollüberzeugung darauf zu schließen, dass ein angestellter Mitarbeiter eines Unternehmens als Intrapreneur aktiv werden wird. Diese Befunde der Entrepreneurshipforschung sind also nicht falsch, aber wenig informativ.

Das Konzept der *individuellen unternehmerischen Orientierung* [48] ist hier deutlich hilfreicher. Dieses eigentlich für die organisationale Ebene entwickelte Konzept ist mit seinen Dimensionen in jüngerer Zeit wieder zurück auf die individuelle Ebene übertragen worden. Diese Vorgehensweise hat den Vorteil, dass nicht mehr über eher allgemeine, psychologische Charakteristika gesprochen wird, sondern genau diejenigen Eigenschaften eines Individuums in den Fokus rücken, die sich am Ende auch wirklich in unternehmerische Aktivität als Intrapreneur übersetzen können.

So zeigt sich, dass sich vor allen Dingen die drei klassischen Subdimensionen der unternehmerischen Orientierung auf der Individualebene, das heißt Innovativität, Risikotoleranz und Proaktivität, positiv auf die Intention auswirken, unternehmerisch aktiv zu werden [8]. Je mehr sich eine Person für das Neue interessiert, je besser sie mit Ungewissheit umgehen kann und je weniger sie reaktiv handelt, desto eher ist von unternehmerischen Initiativen auszugehen.

Merke!

Individuelle unternehmerische Orientierung (Individual Entrepreneurial Orientation) charakterisiert Individuen, die sich durch eine hohe Affinität zu Neuem (Innovativität), Risikotoleranz und Proaktivität auszeichnen und damit eine erhöhte Wahrscheinlichkeit aufweisen, unternehmerisch aktiv zu werden.

Ob nun im Kontext etablierter Unternehmen eine Person tatsächlich als Intrapreneur aktiv wird und auch so von anderen eingeschätzt wird, scheint insbesondere an nachstehenden, empirisch belegten Aspekten zu liegen [96]:

- Intrapreneure finden sich eher bei männlichen als bei weiblichen Angestellten.
- Intrapreneure sind tendenziell höher gebildet.
- Intrapreneure weisen oft einen unternehmerischen Hintergrund auf – sei es, dass Eltern oder Verwandte unternehmerisch aktiv sind oder dass sie relevante unternehmerische Vorerfahrung mitbringen.
- Charakteristisch ist weiterhin, dass sich Intrapreneure durch eine hohe Entscheidungsfähigkeit gerade unter Unsicherheit auszeichnen und angesichts von Unwägbarkeiten oder Risiken nicht paralysiert werden.
- Weiterhin zeichnen sich Intrapreneure durch die tendenzielle Abwesenheit von effizienter Gewissenhaftigkeit aus – das heißt, ihrem unternehmerischen Engagement für das Unternehmen, in dem sie tätig sind, steht gerade kein perfektionistisches Streben im Wege.
- Gleichzeitig sind sie stärker als Nicht-Intrapreneure dazu befähigt, Probleme zu lösen, für die noch keine vordefinierten Routinen und Verfahrensweisen existieren.

Neben der Schwierigkeit, allein aus dem Charakter unternehmerisches Verhalten prognostizieren zu können, stellt sich weiterhin die Problematik, dass Charakter aus einer psychologischen Warte verhältnismäßig stabil ist und sich relativ früh im Leben verfestigt. Damit stößt das Management an Grenzen: Charakter ist nur begrenzt lernbar. Dennoch ist die oftmals geäußerte Vermutung, dass unternehmerisch denkende Individuen geboren und nicht gemacht werden, eine zu pessimistische Sicht. Zwar kann man nur schwer lernen, unternehmerisch zu handeln, wenn der Wille nicht gegeben ist, man kann jedoch immer lernen, besser unternehmerisch zu handeln [58].

Am Ende geht es auch nicht zwingend um Charakter, sondern um die *Werte*, die ein Individuum respektiert und verinnerlicht hat. So können Camelo-Ordaz et al. [13] zeigen, dass Intrapreneure mit einem ausgeprägten „Entrepreneurial Value System" überlegene Innovationen verursachen. Erfolgreich sind nach dieser Studie diejenigen, die relativ jung im Unternehmen sind, von der Ausbildung her eher auf einen nicht-wirtschaftswissenschaftlichen Hintergrund verweisen können (also beispielsweise Ingenieure oder Informatiker) und durch ausgeprägte unternehmerische Wertvorstellungen charakterisiert sind. Werte, die ein solches „Entrepreneurial Value System" ausmachen, können sein

- Ambition,
- Ausdauer,
- Einsatz,
- Kreativität,
- Risikotoleranz und
- Optimismus.

Solche Wertsysteme sind nicht nur konservativen Wertsystemen überlegen, sie sind auch durchaus durch das Management formbar.

Merke!

Ein **individuelles unternehmerisches Wertsystem** gründet sich auf Werten wie Ambition, Ausdauer, Einsatz, Kreativität, Risikotoleranz und Optimismus.

Die *Aufgaben*, denen sich ein Intrapreneur mit dem entsprechenden Wertsystem stellt, sind dabei äußerst vielfältig. Dies resultiert aus der besonderen Situation des Intrapreneurs: Während der Großteil der Beschäftigten eines Unternehmens innerhalb eines stabilen Systems arbeitet und nach vorgegebenen Verfahrensweisen und Regeln operiert bzw. zu operieren hat, arbeitet der Intrapreneur innerhalb des Systems am System selbst [95], um eben dieses zu verändern. Ein unabhängiger Entrepreneur arbeitet ebenfalls am System (denn es gilt ja, eine neue Organisation zu schaffen), ist aber nicht im selben Ausmaß wie der Intrapreneur mit gegebenen Verfahrensweisen konfrontiert, da diese zum einen erst im Entstehen begriffen sind und zum anderen natürlich auch stark durch die Person des Unternehmers selbst bestimmt werden können.

Der Intrapreneur steht also vor der Herausforderung, die teilweise widersprüchlichen Rollen eines Managers mit einem Unternehmer vereinen zu müssen [82]. Als *Manager* gilt es beispielsweise

- zu planen,
- Strategien zu entwerfen,
- Arbeitsabläufe zu organisieren,
- Mitarbeiter einzustellen,
- Mitarbeiter zu motivieren,
- Budgets zu verantworten,
- Arbeitsleistungen zu koordinieren und
- Arbeitsleistungen zu überwachen.

Manager operieren in gegebenen Strukturen und der Kern ihrer Tätigkeit liegt darin, Aufgaben insbesondere durch Mitarbeiter über Delegation erledigen zu lassen. Ein unabhängiger *Entrepreneur* hingegen kreiert Strukturen, er handelt selbständiger. Daher muss er

- seinem unternehmerischen Vorhaben eine Vision geben,
- Chancen zum Handeln nutzen,
- das System gestalten,
- Innovationen realisieren,
- kalkuliert mit Risiko umgehen können,
- Ressourcen beschaffen und einsetzen sowie
- Veränderungen vorantreiben.

Die beiden Aufgabenspektren des Managers und des Unternehmers ergeben zusammengenommen die Anforderungen an eine Führungskraft mit Unternehmergeist in einer bestehenden Organisation, sprich die Anforderungen an einen *Intrapreneur*. Die Erwartungen, die einem Intrapreneur daher entgegengebracht werden, sind damit deutlich größer und fordernder als die an einen reinen Projekt Champion oder Projektmanager [86]. Vor diesem Hintergrund fasst ◼ Tab. 2.1 die wesentlichen Charakteristika eines Intrapreneurs aus der klassischen Sicht von Pinchot [88] zusammen und grenzt dessen Motive, Kenntnisse und Fähigkeiten sowie weitere Charakteristika vom reinen Manager und vom reinen Entrepreneur ab.

Intrapreneure im Unternehmen zu haben, ist dabei durchaus wünschenswert. Über eine Befragung von Mitarbeitern konnten Pearce et al. [87] zeigen, dass 62 % aller Mitarbeiter ein hohes Maß von Zufriedenheit mit ihrer eigenen Tätigkeit und mit ihrem Vorgesetzen aufweisen, wenn dieser als Intrapreneur agiert. Im Gegensatz dazu sind die Mitarbeiter von nicht unternehmerisch agierenden Vorgesetzten unzufrieden: 69 % befriedigt ihre eigene Tätigkeit nicht und sie sind auch nicht zufrieden mit ihrem Vorgesetzten.

Dies liegt im *unternehmerischen Managementstil* begründet. Werden Manager unternehmerisch, so gelingt es ihnen, Initiativen effizient durch die Unternehmensbürokratie zu bewegen und wo keine Ergebnisse erzielt werden, wird das eigene Verhalten zügig angepasst. Gleichzeitig weisen diese Intrapreneure eine visionäre Komponente auf und können ihren Mitarbeitern gegenüber sehr plastisch und deutlich beschreiben, wie die Dinge in der Zukunft aussehen könnten und was getan werden muss, um Ziele zu erreichen.

Am wichtigsten ist jedoch ihr Umgang mit anderen. Unternehmerische Manager bestärken andere darin, ihre eigenen Ideen umzusetzen, inspirieren dazu, über Tätigkeiten auf neue Weise nachzudenken, und sind sich auch nicht zu schade, Zeit dafür aufzuwenden, anderen bei der Verbesserung von Produkten und Dienstleistungen zu helfen. Sie forcieren nicht nur ihre eigenen Projekte, sondern setzen sich auch für

☐ **Tab. 2.1** Der Intrapreneur im Vergleich zum Manager und zum Entrepreneur. (Verkürzt nach Pinchot [88])

	Manager	Entrepreneur	Intrapreneur
Primäre Motive	Möchte Beförderung und andere traditionelle Belohnungen innerhalb eines Unternehmens – machtmotiviert	Will Freiheit, ist zielorientiert, unabhängig und selbstmotiviert	Will Freiheit und Zugang zu Ressourcen des Unternehmens – zielorientiert und selbstmotiviert, reagiert aber auch auf Belohnungen des Unternehmens und Anerkennung
Zeitorientierung	Reagiert rasch auf Quoten und Budgets, wöchentliche, monatliche, vierteljährliche und jährliche Planungshorizonte, die nächste Beförderung oder Versetzung	Hat als endgültige Zielsetzung ein Geschäftswachstum über 5–10 Jahre als Richtlinie vor Augen	Endziele von 3–15 Jahren, je nach Art des Vorhabens – Drang, selbstgesteckte und vom Unternehmen aufgestellte Zeitpläne zu erfüllen
Handeln	Delegiert Handlungen – Beaufsichtigung und Berichtswesen erfordern die meiste Energie	Macht sich die Hände schmutzig – verärgert möglicherweise seine Mitarbeiter, indem er plötzlich ihre Arbeit macht	Macht sich die Hände schmutzig – weiß vielleicht, wie man delegiert, tut notfalls selbst, was getan werden muss
Kenntnisse und Fähigkeiten	Professionelles Management – abstrakte analytische Instrumente, Management von Mitarbeitern und politische Fähigkeiten	Kennt das Geschäft in- und auswendig – mehr geschäftliches Geschick als Management- und politische Fertigkeiten	Dem Unternehmer vergleichbar, aber die Situation erfordert eine größere Fähigkeit, sich innerhalb der Organisation zu entfalten
Aufmerksamkeit	Hauptsächlich auf Ereignisse innerhalb des Unternehmens	Vorwiegend auf Technologie und Markt	Sowohl innerhalb als auch außerhalb des Unternehmens

	Manager	Entrepreneur	Intrapreneur
Risiko	Vorsichtig	Liebt ein mäßiges Risiko – investiert stark, aber erwartet, erfolgreich zu sein	Liebt ein mäßiges Risiko – hat im Allgemeinen keine Angst davor, seine Stelle zu verlieren und sieht deshalb wenig persönliches Risiko
Status	Legt Wert auf Statussymbole	Ist mit wenig zufrieden, wenn nur die Arbeit getan wird	Hält traditionelle Statussymbole für irrelevant – schätzt Freiheitssymbole

vielversprechende Ideen anderer ein und schaffen ganz generell eine Umgebung, in der Menschen sich dafür begeistern, die Dinge zu verbessern und anders zu machen.

❯❯ Auf den Punkt gebracht: Angestellte Mitarbeiter in etablierten Unternehmen, die aus eigenem Antrieb unternehmerisch aktiv werden, um ihr Unternehmen positiv zu gestalten und weiterzuentwickeln, können als Intrapreneure bezeichnet werden. Intrapreneure zeichnen sich weniger durch einen bestimmten Charakter aus, als vielmehr durch unternehmerische Wertvorstellungen. Aus diesen Wertvorstellungen erwächst die Überzeugung, sich gleichzeitig der fordernden Kombination von unternehmerischen Aufgaben und Managementaufgaben stellen zu können. Gelingt dies, so entstehen nicht nur neue Initiativen im Sinne des Unternehmens – auch die generelle Mitarbeiterzufriedenheit wächst.

2.2 Unternehmerische Akteure: Fördern des Engagements

Unternehmen, die auf Intrapreneure setzen, um Corporate Entrepreneurship zu realisieren, verlassen sich weniger auf eine übergeordnete, strategische Ausrichtung, als vielmehr auf einen Bottom-up-Prozess [9], der von unten her für mehr unternehmerische Initiativen sorgt. Dabei haben viele Unternehmen erkannt, dass im Zeitablauf im Unternehmen Strukturen zu entstehen drohen, die gerade unternehmerisch denkende Individuen aus dem Unternehmen vertreiben [50]. Deshalb müssen Rahmenbedingungen geschaffen werden, die nicht – beispielsweise durch ein Zuviel an Controlling [63] und Steuerung – erwünschtes unternehmerisches Engagement unterdrücken.

Corporate Entrepreneurship benötigt gerade solche *Rahmenbedingungen*, die es erlauben, neue Initiativen zu starten, dabei aber gleichzeitig auch das Bestehende nicht zu vernachlässigen [101]. Zwar muss nicht jeder angestellte Mitarbeiter notwendigerweise zum Intrapreneur gemacht werden, wie manchmal gefordert [90]. Um jedoch das größtmögliche Potenzial zu haben, hilft eine klare Kommunikation [95], die ein unternehmerisches Leitbild in den Vordergrund stellt und die deutlich macht, dass unternehmerische Initiativen erwünscht sind und zum Erfolg des Unternehmens im Interesse aller beitragen können. Sinnvoll ist es in diesem Zusammenhang, den Fokus vor allen Dingen auf Führungskräfte des mittleren Managements und Nachwuchskräfte mit Potenzial zu richten.

◼ Tab. 2.2 macht sehr pointiert deutlich, worum es einem Intrapreneur unbeachtet der je vorherrschenden Rahmenbedingungen gehen sollte. Pinchots Aufforderungen wie „Umgehe sämtliche Anordnungen, die darauf zielen, deinen Traum zu beenden" oder auch „Arbeite so lange wie möglich im Verborgenen" machen den Intrapreneur tendenziell zum Albtraum des Managers. Wenn alle Angestellten im Unternehmen wie Unternehmer agieren würden, so würde sich niemand mehr führen lassen – und der durchschnittliche Manager kann sich sicherlich nichts Schlimmeres vorstellen, als ein Team bestehend aus prototypischen Entrepreneuren wie Bill Gates, Steve Jobs und Jeff Bezos führen zu müssen. Aus Sicht des Managements ist ein Intrapreneur ein „Rebell" [95] und führt damit eher zu Chaos als zu Wertschöpfung und Zukunftsfähigkeit des Unternehmens. Es lohnt also ein Blick darauf, ob diese Angst des Managements begründet ist.

Einmal abgesehen von dem Umstand, dass unternehmerische Akteure in etablierten Organisationen ohnehin viel zu selten auftreten [9], zeigt die Studie von Augsdorfer [3], dass unternehmerische Eigeninitiative von Angestellten in der Regel nicht eskaliert, wie es so oft von Vorgesetzten befürchtet wird, die unkoordinierte Innovationsaktivitäten von Intrapreneuren zurückhaltend und skeptisch sehen. Augsdorfer [3] betrachtet in 57 Unternehmen aus Großbritannien, Frankreich und Deutschland sogenannte *Bootlegging-Aktivitäten*, das heißt Forschung motivierter Individuen, die heimlich den Innovationsprozess eines Unternehmens organisieren.

Merke!

Bootlegging bezeichnet unaufgeforderte Innovations- und Forschungsaktivitäten, die von Individuen ohne offizielle Ressourcen und unabhängig von den offiziellen Unternehmenszielen vorangetrieben werden.

Im Ergebnis zeigt sich, dass lediglich 5 bis 10 % aller in Innovationsabteilungen Beschäftigten Bootlegging betreiben und dafür auch nur 5 bis 10 % ihrer Zeit aufwenden. Zusammengenommen entspricht dies in dieser Studie weniger als 1 % der Arbeitskraft in Forschung und Entwicklung – eine Dimension, die nicht zu fürchten ist, weil sie eskaliert, sondern tendenziell eher zu niedrig liegt.

⬛ Tab. 2.2 Zehn Gebote für den Intrapreneur. (Nach Pinchot [88])

#	Gebot
1.	Komme jeden Tag zur Arbeit und sei dazu bereit, gefeuert zu werden.
2.	Umgehe sämtliche Anordnungen, die darauf zielen, deinen Traum zu beenden.
3.	Tue alles, um Dein Projekt zum Funktionieren zu bringen, ganz gleich, wie Deine Stellenbeschreibung lautet.
4.	Netzwerke mit fähigen Leuten, die Dich unterstützen können.
5.	Schaffe ein energisches Team: Wähle nur die Besten, um mit ihnen zu arbeiten.
6.	Arbeite so lange wie möglich im Verborgenen – Öffentlichkeit löst das Immunsystem der Organisation aus.
7.	Sei loyal und wahrhaftig Deinen Förderern gegenüber.
8.	Erinnere Dich daran, dass es einfacher ist, um Verzeihung zu bitten, als um Erlaubnis zu fragen.
9.	Sei Deinen Zielen treu, aber sei realistisch im Hinblick auf die Wege, diese zu erreichen.
10.	Halte die Vision präsent.

Wenn Bootlegging betrieben wird, so ist es dann auch meist im übergeordneten *Unternehmensinteresse* zu sehen. So wird

- in 40 % aller Fälle heimlich vorbereitende Forschung betrieben, um Argumente für ein späteres offizielles Projekt zu sammeln,
- in 34 % aller Fälle heimlich an Verbesserungen gearbeitet, die vollständig im Einklang mit existierenden Produkten des Unternehmens stehen,
- in 20 % Troubleshooting als Gefallen für andere Abteilungen betrieben,
- nur in 5 % aller Fälle an komplett neuen Produkten gearbeitet und
- in der zu vernachlässigenden Größenordnung von 1 % rein akademische Forschung betrieben.

Im Ergebnis stehen tendenziell eher technische Verbesserungen und nicht unbedingt radikal neue Produkte. Und wenn Bootlegging-Projekte aufgedeckt werden, so zeigt die Empirie, dass diese Projekte sehr häufig in den regulären Innovationsprozess des Unternehmens überführt werden. Der von vielen Managern befürchteten Radikalität des Handelns von Intrapreneuren stehen Pfadabhängigkeit, begrenzte Macht und begrenzte Ressourcen entgegen. Die Tätigkeiten eines angestellten Mitarbeiters prägen (auch ohne Zustimmung des Managements), wie in den nächsten Schritten weiter vorgegangen werden kann (Pfadabhängigkeit) – aus dem Umstand, dass zumindest anfänglich jeder Intrapreneur alleine agiert, folgen begrenzter Einfluss und wenige bis keine Ressourcen. Damit fügt sich Bootlegging fast automatisch in die übergeordnete Strategie eines Unternehmens ein [1] und geht nur sehr selten an dieser vorbei.

Es macht also Sinn, geeignete *Rahmenbedingungen* für Intrapreneure zu schaffen, um mehr Corporate Entrepreneurship zu ermöglichen. Mit den Rahmenbedingungen steht und fällt der Erfolg jeglicher Arbeit. Bill Hewlett, Gründer des US-amerikanischen Technologiekonzern HP, bringt dies auf den Punkt:

> » Ich bin davon überzeugt, dass Männer und Frauen gute und kreative Arbeit leisten wollen und dass sie dies in dem Moment erreichen werden, indem sie geeignete Rahmenbedingungen vorfinden (orig.: I am convinced that men and women want to produce good and creative work and that they will achieve this once they have the appropriate environment) [109].

Die Unterstützung für Intrapreneure sollte dabei nicht pauschal erfolgen, sondern je nachdem, um welchen Mitarbeitertyp es sich handelt, angepasst werden. ◘ Abb. 2.2 stellt die Mitarbeiter eines Unternehmens auf ein *Motivations- und Kompetenzkontinuum* vom verantwortlichem Manager bis hin zum überforderten oder aus anderen Gründen innerlich gekündigten Mitarbeiter, der nicht mehr im Sinne des Unternehmens handeln kann oder gar will.

Während es am einen Ende des Kontinuums gilt, *Motivation für Unternehmertum* überhaupt erst aufzubauen, besteht die Herausforderung am anderen Ende darin, Intrapreneure und unternehmerische Manager nicht zu frustrieren, um sie weiterhin im Unternehmen halten zu können. Diese Herausforderung ist immens und gelingt nicht einmal immer bei Paradebeispielen für Freiraum und Unternehmergeist wie etwa Google. Evan Williams und Biz Stone, die dort als Entwickler arbeiteten, haben trotzdem keine ausreichenden Möglichkeiten zur Weiterentwicklung verspürt – in der Konsequenz verließen sie Google und gründeten zusammen mit Jack Dorsey kein geringeres Unternehmen als Twitter [90].

Neben der Schaffung und Aufrechterhaltung von *Motivation* ist aber nicht nur der reine Wille zum Unternehmertum entscheidend – ebenso wichtig ist die individuelle *Kompetenz*. Folglich müssen Unternehmen bei ihren Mitarbeitern *unternehmerisches Humankapital* [2] entwickeln. In einem ersten Schritt kann das beispielsweise über Workshops zum Thema Corporate Entrepreneurship gelingen, die erst einmal dazu dienen, über die Potenziale unternehmerischen Handelns zu informieren und das Thema grundsätzlich im Unternehmen zu verankern [95]. Essentiell dabei ist es, keinen der Mitarbeiter zu überfordern, sondern ihnen jeweils angemessene Impulse zu geben, die helfen, den jeweils nächsten Level (◘ Abb. 2.2) zu erreichen.

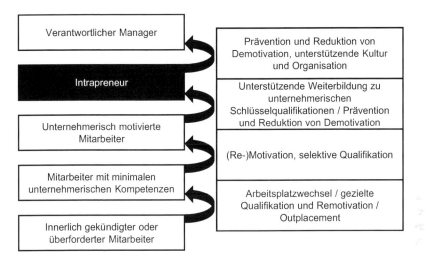

◨ Abb. 2.2 Differenzierte Unterstützung für Intrapreneure. (In Anlehnung an Wunderer [109])

Was motiviert ein Individuum nun zu unternehmerischem Verhalten? Allgemein gesprochen [83] ist unternehmerisches Verhalten eine Funktion der persönlichen Charakteristika und Werte eines Individuums, des persönlichen Umfelds, der persönlichen Ziele und der unternehmerischen Gelegenheit sowie ihrem jeweiligen Geschäftsumfeld. Alle diese Aspekte können entsprechend fördernd oder hemmend ausgeprägt sein und prägen nicht einzeln, sondern in ihrer Gesamtheit die Entscheidung, eine unternehmerische Initiative nach vorne zu bringen.

Merke!

Geeignete **Rahmenbedingungen** für Corporate Entrepreneurship fördern positive Resultate unternehmerischen Handelns und resultieren aus organisationalem Committment und ausreichenden Ressourcen, die mit dem Ziel eingesetzt werden, Motivation von Intrapreneuren zu erhalten und aufzubauen sowie das Humankapital potenzieller Intrapreneure zu entwickeln.

Für Corporate Entrepreneurship bedeutet das, dass es das Ziel des Managements sein muss, positive Resultate unternehmerischen Verhaltens zu fördern. Das gelingt, wenn das Management die entsprechende Passung von Humankapital, den Charakteristika und der Motivation von Intrapreneuren mit den organisationalen Rahmenbedingungen im Unternehmen herstellt. Unternehmertum braucht eine angemessene Umgebung, förderliche Bedingungen, ausreichende Ressourcen und organisationale

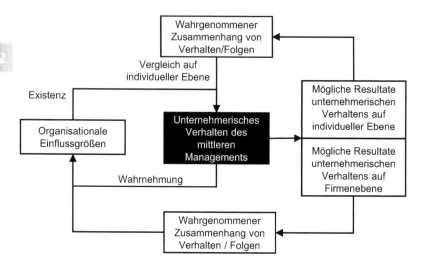

◘ Abb. 2.3 Model der Einflussfaktoren und Konsequenzen unternehmerischen Verhaltens im mittleren Management. (Verkürzte Darstellung nach Kuratko et al. [70])

Motivation [86]. Kommt dies zusammen, so schafft das Management *unternehmerische Rahmenbedingungen*, die sich in einer entsprechend hohen unternehmerischen Orientierung (▶ Abschn. 1.2) des gesamten Unternehmens zeigen.

Das Modell in ◘ Abb. 2.3 zielt darauf ab zu erklären, wie Corporate Entrepreneurship im Unternehmen entstehen kann [70]. Es räumt hier insbesondere dem mittleren Management einen prominenten Platz ein, da dieser Managementlevel zwar zum einen nicht mit ausreichender Macht ausgestattet ist, die Gesamtausrichtung eines Unternehmens wie das Top-Management zu prägen, aber gleichzeitig innerhalb seines Wirkungsbereichs (Abteilung/Geschäftsfeld/etc.) die Möglichkeit hat, Freiräume zu nutzen, um unternehmerisch aktiv zu werden.

Unterstützende organisationale Rahmenbedingungen zielen vor diesem Hintergrund insbesondere darauf ab, *kontinuierliches* unternehmerisches Verhalten zu ermöglichen. Den Rahmenbedingungen kommt dabei eine entscheidende Bedeutung zu, da sich unternehmerisches Verhalten eben nicht per Weisung initiieren lässt, sondern sich nur potenziell in gewährten Freiräumen entwickeln kann. Diese Freiräume gilt es mit den entsprechenden *organisationalen Einflussgrößen* (◘ Abb. 2.3) zu gestalten.

1. Entscheidend für positive Rahmenbedingungen ist zuallererst *Managementunterstützung* [2]. Das heißt, das mittlere Management muss durch seine Vorgesetzten grundsätzlich dazu ermutigt werden, neue und innovative Ideen überhaupt erst zu entwickeln. Diese Ermutigung zeigt sich auch darin, dass diese Vorgesetzten unternehmerische Vorhaben in der Bahn halten können, für die möglicherweise

existierende, strikte Verfahrensanweisungen gebeugt oder gar ganz umgangen werden müssen. Dafür braucht es ausreichende hierarchische Macht [42], die dem mittleren Management naturgemäß abgeht. Managementunterstützung äußert sich weiterhin in der Bereitstellung von Ressourcen, im Beseitigen von Hindernissen und in einer grundlegend positiven Haltung zu unternehmerischen Vorhaben. Nimmt das mittlere Management seine Ideen als durch übergeordnete Instanzen wertgeschätzt wahr und sieht es seine Vorgesetzten als empfänglich für diese Ideen an, so ist von guten Rahmenbedingungen für Unternehmertum auszugehen.

2. Zeitliche und gestalterische *Freiräume* stellen ebenfalls eine wichtige Einflussgröße dar. Wie Mitarbeiter ihren Tagesablauf gestalten können [40] und wie genau sie ihre Ziele erreichen können, bestimmt das Ausmaß an wahrgenommener Autonomie. Grundsätzlich sorgt ein hohes Ausmaß an wahrgenommener Autonomie für die Befriedigung der intrinsischen Bedürfnisse der Mitarbeiter [4] und schlägt damit positiv auf die Qualität eines jeden Arbeitsergebnisses durch. Bei Mitarbeitern mit ausgeprägtem unternehmerischen Wertsystem sorgt Autonomie dann für die Möglichkeit, ihre Ambitionen überhaupt in unternehmerische Vorhaben lenken zu können. Im Extremfall implementieren Unternehmen eine „Results Only Work Environment", also eine Arbeitsumgebung, in der Anwesenheit und Verfahrensweisen nicht mehr zählen – nur noch Ergebnisse.

3. Als dritter, entscheidender organisationaler Einflussfaktor ist das *Personalmanagement* zu sehen, welches großen Einfluss darauf haben kann, eine unternehmerische Arbeitsumgebung zu formen [82]. Im Hinblick auf die Planung von Stellen und deren Gestaltung gilt es, wo immer möglich, diese möglichst breit, langfristig und wenig strukturiert anzulegen. Damit entsteht schon in der Anlage einer Stelle Potenzial für Autonomie und damit Potenzial für Corporate Entrepreneurship. Auch Ausbildung und Personalentwicklung können zu förderlichen Rahmenbedingungen beitragen. Dies geht weit über den bereits erwähnten initialen Workshop hinaus – vielmehr gilt es, langfristig und mit Weitblick individualisierte Entwicklungspfade zu gestalten. Im Extremfall kann das bis zum Intrapreneurship als einem eigenen Karrierepfad reichen [78]. Und nicht zuletzt ist es auch Aufgabe des Personalmanagements, Intrapreneure überhaupt erst zu identifizieren [95]. Das kann nicht nur intern, sondern auch extern geschehen. In der Auswahl bietet es sich dabei an, eher generelle, implizite und wenig formalisierte Auswahlkriterien zu verwenden – es geht weniger um ganz konkrete Kompetenzen, als vielmehr um Personen, welche die entsprechenden unternehmerischen Wertvorstellungen mitbringen.

Werden die organisationalen Einflussgrößen des Corporate Entrepreneurship dementsprechend positiv gestaltet und so auch vom mittleren Management wahrgenommen, so ist mit erhöhtem *unternehmerischem Verhalten* im Sinne des Gesamtunternehmens zu rechnen (◼ Abb. 2.3). Das heißt, das mittlere Management wird unternehmerische

Gelegenheiten [69] suchen, deren Verfolgung befürworten und unterstützen – beispielsweise durch die Beschaffung und den Einsatz passender Ressourcen.

Die organisationalen Einflussgrößen, die das ermöglichen, sind aber nur ein erster Schritt hin zu einem kontinuierlich hohen Niveau an Unternehmertum innerhalb der Organisation. Ob sich, wie im Model in ◨ Abb. 2.3 eine Erfolgsspirale in Gang setzen lässt oder eher mit einer Abwärtsspirale, einem Circulus Vitiosus, zu rechnen ist, liegt wesentlich an den Konsequenzen unternehmerischen Verhaltens. Sind diese positiv, so lässt sich eine Erfolgsspirale mit immer mehr Unternehmertum im Unternehmen in Gang setzen – sind diese negativ, so helfen auch alle positiv ausgeprägten organisationalen Einflussgrößen nicht, und das Gesamtunternehmen wird auf einem niedrigen Niveau von Corporate Entrepreneurship verbleiben. Die Konsequenzen unternehmerischen Verhaltens lassen sich nach Kuratko et al. [70] in Resultate auf der individuellen Ebene und in Resultate auf der Gesamtunternehmensebene unterteilen. Beide können jeweils positiv oder negativ ausgeprägt sein.

Mögliche Resultate auf Firmenebene (◨ Abb. 2.3), hervorgerufen durch das verstärkte Auftreten von Intrapreneuren, können im Erfolgsfall das weitere Entstehen einer unternehmerischen Kultur sein (▶ Kap. 3), das Entstehen von Wettbewerbsvorteilen durch die Einführungen neuer, innovativer Angebote am Markt oder auch ein besser ausbalanciertes Gesamtunternehmen durch die Diversifikation in neue Märkte hinein. Gleichzeitig kann sich durch unternehmerische Projekte die technologische Basis des Unternehmens verbreitern und die Fähigkeit zur Innovation allgemein verbessern. Auch mag eine bessere Reputation bei den Anspruchsgruppen des Unternehmens entstehen, da diese das Unternehmen beispielsweise als innovativer wahrnehmen. Solche positiven Resultate koppeln dann positiv auf die organisationalen Einflussgrößen zurück und es ist davon auszugehen, dass sich die Rahmenbedingungen für derartige unternehmerische Initiativen aufgrund des Erfolgs weiter verbessern werden. Sorgt eine unternehmerische Initiative des mittleren Managements jedoch für wirtschaftliche Verluste oder wird ihr Ergebnis als zu weit weg vom Kerngeschäfts des Unternehmens bewertet, so resultiert daraus ein negativer Rückkopplungseffekt – die Rahmenbedingungen für Unternehmertum werden sich zukünftig aller Voraussicht nach deutlich verschlechtern.

Ähnliches gilt für die *Resultate auf individueller Ebene.* Diese koppeln jedoch nicht auf die organisationalen Einflussgrößen zurück, sondern beeinflussen direkt das zukünftige unternehmerische Verhalten des mittleren Managements (◨ Abb. 2.3). Negative Resultate auf individueller Ebene, wie beispielsweise ein Karriereknick hervorgerufen durch ein gescheitertes Projekt (▶ Abschn. 3.3) oder eine ungewollte Versetzung im Unternehmen nach Abschluss der unternehmerischen Initiative, werden zukünftiges, proaktives und unternehmerisches Verhalten unterminieren. Aber sogar auch im Erfolgsfall kann die Verachtung des Engagements durch zu konservative, andere Mitarbeiter dafür sorgen, dass in Zukunft weniger unternommen wird.

In Deutschland ist die Gefahr hierfür augenscheinlich besonderes groß: Gescheiterte Unternehmer werden immer noch viel zu häufig stigmatisiert [66] und unterlassen weitere unternehmerische Aktivität, je nachdem wie das Erlebnis des Scheiterns empfunden wurde [74]. Hier gilt es auch im Corporate Entrepreneurship gegenzusteuern: Die Sicherheit, selbst dann wieder in die alte Position zurückkehren zu können, wenn eine unternehmerische Initiative fehlgeschlagen ist, ist essentiell, um zukünftiges unternehmerisches Engagement – auch von anderen Mitarbeitern – nicht zu unterdrücken [42]. Positive Resultate unternehmerischen Verhaltens finden sich demgegenüber beispielsweise mit Beförderung und finanzieller Anerkennung, aber auch mit eher weichen Ergebnissen, wie dem Aufbau eines neuen sozialen Netzwerks, welches in zukünftigen Projekten genutzt werden kann, oder dem Entwickeln eines politischen Gespürs und einem besseren Verständnis für die Funktionsweise der Organisation.

Aus dem Zusammenspiel von organisationalen Einflussgrößen, unternehmerischem Verhalten und entsprechenden Ergebnissen folgt also entweder ein positiver oder ein negativer Zyklus. Damit macht das Model einerseits deutlich, wie schnell sich Unternehmertum trotz beispielsweise hoher Managementunterstützung und entsprechenden Personalentwicklungsprogrammen unterdrücken lässt – gleichzeitig zeigt es aber auch, dass es nicht zwangsläufig notwendig ist, einen radikalen Wandel des kompletten Unternehmens zu wollen, wenn sich das Niveau an Unternehmertum auch sukzessive über mehrere Durchläufe entwickeln lässt.

Wichtig in diesem Zusammenhang ist daher, wie die Leistung von Intrapreneuren beurteilt wird [82] und wie sie für ihr Engagement belohnt werden. Eine angemessene *Leistungsbeurteilung* muss sicherlich vor dem Hintergrund eines jeden Unternehmens individuell entwickelt werden – essentiell dabei sind jedoch Aspekte wie eine hohe Toleranz für Fehlschläge, eine Schwerpunktsetzung auf Effektivität gegenüber zu viel Effizienz und ein Fokus eher auf die Ergebnisse selbst als auf den Prozess. Gerade in Unternehmen, die noch an zu wenig Unternehmertum kranken, mag es am Anfang sogar sinnvoll sein, Ergebnisse annähernd komplett aus der Leistungsbeurteilung auszublenden und vielmehr Anstrengungen, Lernen und Engagement anzuerkennen [86].

Sollen Anreize für mehr unternehmerisches Verhalten gesetzt werden, so ist wichtig zu wissen, dass Standardanreizsysteme hierbei regelmäßig versagen. *Anreizsysteme* müssen auf das unternehmerische Wertsystem von Intrapreneuren angepasst werden – finanzielle Anreize spielen hier eine tendenziell untergeordnete Rolle. Ihre Bedeutung liegt weniger darin, dass ein Intrapreneur direkt nach ihnen streben würde, als vielmehr darin, dass sie als gerecht empfunden werden müssen. Finanzielle Anreize müssen daher [82]

- einen Schwerpunkt auf die langfristige Performance setzen,
- nicht für das Gesamtunternehmen definiert werden, sondern dezentral und passgenau zugeschnitten auf einzelne Geschäftsbereiche oder Abteilungen sein,
- individualisiert konzipiert werden bei gleichzeitiger Berücksichtigung von Teambemühungen sowie
- außerordentlich signifikant sein.

Die Motivation von Intrapreneuren, aktiv zu werden, ist intrinsisch und wird leicht durch zu viele kleine materielle Anreize zerstört. Eine *Erfolgsbeteiligung* ist daher das Mittel der Wahl [95], wenn es um finanzielle Anreizsetzung geht. Da aber nicht jede unternehmerische Initiative von durchschlagendem Erfolg gekrönt sein wird, ist es ebenso wichtig, immaterielle Anreize zu setzen. Unternehmen haben hier die Möglichkeit, durch mündliche Anerkennung, erhöhte Arbeitsbefugnisse und herausfordernde Tätigkeiten zu motivieren sowie durch mehr organisatorische Freiheit und höherwertige Positionen formale Anerkennung zu spenden. Gerade die immateriellen Anreize führen erfahrungsgemäß zu mehr unternehmerischer Kreativität [54], die sich dann auch in entsprechendes Handeln übersetzt.

❯❯ Auf den Punkt gebracht: Manager fürchten oftmals unternehmerisches Engagement ihrer Untergebenen, da dieses ein Unternehmen aus dem Gleichgewicht bringen könnte. Empirisch zeigt sich, dass diese Befürchtungen überzogen sind: unternehmerisches Verhalten von Mitarbeitern in etablierten Unternehmen muss nicht verhindert, sondern gefördert werden. Die Rahmenbedingungen, unter denen Intrapreneure aktiv werden können, sind dabei entscheidend und stellen die Stellschrauben des Managements für mehr Corporate Entrepreneurship dar. Managementunterstützung, Autonomie und ein zielführendes Personalmanagement sind die Basis von förderlichen Rahmenbedingungen. Als positiv wahrgenommene Ergebnisse unternehmerischer Initiativen sorgen dafür, dass sich diese Rahmenbedingungen weiterentwickeln und dass unternehmerische Individuen auch weiterhin unternehmerisch bleiben.

2.3 Lern-Kontrolle

Kurz und bündig

Intrapreneure sind angestellte Mitarbeiter eines etablierten Unternehmens, die die Rolle des Managers und des Entrepreneurs simultan übernehmen. Dies geschieht aus eigenem Antrieb, um dabei zu helfen, das Unternehmen positiv weiterzuentwickeln. Basis ihres Handelns sind unternehmerische Wertvorstellungen. Um das Engagement von Intrapreneuren zu fördern, ist es eine wichtige Aufgabe des Managements, Rahmenbedingungen zu gestalten, die das Ausleben dieser unternehmerischen Wertvorstellungen erlauben. Managementunterstützung, Freiräume und ein auf Unternehmertum ausgerichtetes Personalmanagement können unternehmerisches Verhalten stimulieren. Um langfristig unternehmerisches Verhalten im Unternehmen zu ermöglichen, ist insbesondere ein angemessener Umgang mit den Resultaten notwendig: Negative Ergebnisse drohen zukünftiges unternehmerisches Verhalten zu ersticken und es ist die Aufgabe des Managements, hier entsprechend gegenzusteuern.

❓ Let's check

1. Was zeichnet ein unternehmerisches Wertsystem aus?
2. Welche Aufgaben hat ein Intrapreneur zu bewältigen und wie grenzt er sich vom Manager und vom Entrepreneur ab?
3. Wie lässt sich mehr Unternehmertum in etablierten Unternehmen fördern?

❓ Vernetzende Aufgaben

1. Vergegenwärtigen Sie sich die Werte eines unternehmerischen Wertsystems. Teilen Sie diese? Wenn ja, warum? Wenn nein, warum nicht?
2. Denken Sie an ein gescheitertes Vorhaben bzw. Projekt (unternehmerisch oder auch nicht), in welches Sie möglicherweise im Laufe Ihrer bisherigen beruflichen Laufbahn involviert waren. Wie hat Ihr Vorgesetzter reagiert? Wie bewerten Sie diese Reaktion vor dem Hintergrund des Modells aus ◗ Abb. 2.3?
3. Nehmen Sie an, Sie hätten erfolgreich ein unternehmerisches Vorhaben initiiert und zu Ende gebracht. Wie würden Sie dafür belohnt werden wollen? Welche Effekte für die Zukunft hätte es, wenn man Ihnen die Belohnung verweigern würde?

ℹ Lesen und Vertiefen

– Bosma, N., Stam, E. & Sander, W. (2010). Intrapreneurship – An international study. EIM Research Reports H201005, Zoetermeer, Niederlande.
– Orchard, S. (2015). Entrepreneurship and the Human Capital of Organizational Innovation: The Intrapreneur. In S. Sindakis & C. Walter (Hrsg.), The Entrepreneurial Rise in Southeast Asia. The Quadruple Helix Influence on Technological Innovation. (S. 111–138). New York: Palgrave Macillan.
– Scheurenbrand, H. (2016). Der Intrapreneur – provokativ, mittendrin, anders. In M. Hirzel, H. Zub & N. Dimler (Hrsg.), *Strategische Positionierung. Geschäfts- und Servicebereiche auf Kundenbedarf* fokussieren (S. 43–56). Wiesbaden: Springer.

Corporate Entrepreneurship und Unternehmenskultur

Andreas Kuckertz

3.1 Unternehmerische Organisationskultur: Charakteristika – 48

3.2 Unternehmerische Organisationskultur: Erhalten und fördern – 54

3.3 Kultur der zweiten Chance: Vorbedingung für Unternehmertum – 59

3.4 Lern-Kontrolle – 70

© Springer Fachmedien Wiesbaden GmbH 2017
A. Kuckertz, *Management: Corporate Entrepreneurship,* Studienwissen kompakt,
https://doi.org/10.1007/978-3-658-13066-4_3

Lern-Agenda

In diesem Kapitel werden Sie lernen,

- was eine unternehmerische Organisationskultur auszeichnet,
- wie sich eine unternehmerische Organisationskultur fördern lässt und
- wie eine für Unternehmertum hilfreiche Kultur der zweiten Chance ausgeprägt sein sollte.

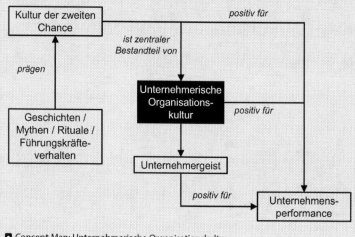

□ Concept Map: Unternehmerische Organisationskultur

3.1 Unternehmerische Organisationskultur: Charakteristika

Unternehmertum beschäftigt sich mit allen Prozessen, in denen Menschen Neues kreieren [61]; Corporate Entrepreneurship betrachtet diese Prozesse innerhalb etablierter Unternehmen (▶ Kap. 1). Die Organisationskultur dieser Unternehmen wirkt dabei direkt auf diese Prozesse – sie stützt oder verhindert Unternehmertum. Das heißt, die Organisationskultur fördert oder lähmt den „Unternehmergeist" [63] ihrer Organisationsmitglieder und muss daher angemessen ausgeprägt sein, um Intrapreneure und allgemein Corporate Entrepreneurship überhaupt erfolgreich werden zu lassen.

Die Herausforderung für das Management besteht nun darin, dass Organisationskultur eben nicht einfach nur ein weiteres Instrument in dessen Toolbox ist, das nach Belieben eingesetzt werden kann, und dann in der Folge Unternehmertum ermöglicht. Zwar beeinflusst die Organisationskultur das Ausmaß und den Erfolg von unternehmerischen Initiativen in einer Organisation – sie geht aber weit darüber hinaus und darf durchaus als der organisationale Kern der „Persönlichkeit" einer Organisation betrachtet werden. Das macht ihre Gestaltung entsprechend schwierig.

Organisationskultur ist ausdrücklich nicht als eine schwammige Metapher misszuverstehen – sie ist etwas durchaus Greifbares und Reales. Die *Basis einer jeden Organisationskultur* sind die grundsätzlichen Glaubenssätze und Annahmen, die in einer Organisation vorherrschen. Dies sind beispielsweise Annahmen darüber, worin genau der eigentliche Unternehmenszweck besteht, das heißt wozu das Unternehmen überhaupt existiert, Annahmen darüber, wie Mitglieder der Organisation sich unabhängig von kodifizierten Regeln zu verhalten haben oder aber auch Annahmen bezüglich der Beziehung der Organisation zu ihrer Umwelt. Essentiell für das Verständnis von Organisationskultur ist, dass es sich um ein Muster *geteilter* Werte und Glaubenssätze [19] handelt. Diese geteilten Werte helfen dem einzelnen Organisationsmitglied, die Funktionsweise der Organisation zu verstehen und sich entsprechend der Normen, die aus diesen Werten ableitbar sind, zu verhalten. Organisationskulturen können sein

- positiv oder negativ,
- stark oder schwach,
- konsistent oder inkonsistent sowie
- homogen oder heterogen.

Eine Organisationskultur, die Corporate Entrepreneurship erlaubt, muss selbstverständlich positiv, stark und konsistent sein. Ist sie *positiv*, so anerkennt sie beispielsweise das Autonomiestreben von Individuen und misst diesem einen entsprechenden Wert bei, ist sie negativ, so konterkariert sie dies möglicherweise über Glaubenssätze, die dem Individuum grundsätzlich misstrauen und Autonomie daher tendenziell unterdrücken. Angesichts der Herausforderungen unternehmerischer Initiativen sollte sie auch auf tief verankerten Glaubenssätzen beruhen, um ein langfristiges Bekenntnis zu Unternehmertum zu ermöglichen – sie sollte also eher *stark* als schwach ausgeprägt sein. Und wie jede andere Organisationskultur auch muss eine unternehmerische Organisationskultur in sich *konsistent* sein. Das heißt, sie sollte konfliktfrei sein und nicht der eher offiziellen Vision (▶ Abschn. 1.2), Mission oder Strategie des Unternehmens widersprechen. Genauso dürfen keine inkonsistenten Symbole nebeneinanderstehen (CEO mit Turnschuhen vs. geschlossene Bürotüren), da sonst die Orientierungsfunktion der Unternehmenskultur verloren geht.

Einzig bei der Unterscheidung von *homogen* und *heterogen*, also der Frage, ob die Kultur von allen Organisationsmitgliedern geteilt wird oder ob Subkulturen existieren dürfen, ist keine klare Entscheidung für eine von beiden Möglichkeiten möglich. Insbesondere sehr große Unternehmen bilden zwangsläufig je nach Standort, Abteilung oder auch Geschäftsbereich extrem unterschiedliche Kulturen aus. Vor dem Hintergrund der Ambidexteritätsstrategie (▶ Abschn. 1.3) wird dabei klar, dass eine homogene unternehmerische Kultur, die sich also komplett und vollständig durch das Unternehmen zieht, nicht zwangsläufig notwendig ist – zumindest solange ein substantieller Teil der Organisation noch von unternehmerischen Werten geprägt wird. Kultur kann es ermöglichen, Neues und Altes im Einklang zu halten [50] und eine entsprechende Balance zwischen beidem zu schaffen [101].

Das Beispiel von *IDEO* zeigt, auf welchen Werten eine Organisationskultur beruhen kann, die die Kreativität von Mitarbeitern erhält und fördert und somit mehr Corporate Entrepreneurship möglich macht.

Beispiel: IDEO – Durch eine aktivierende Organisationskultur zum Erfolg

Der Erfolg der Design- und Innovationsberatung *IDEO*, die unter anderem die erste Computermaus für *Apple* entwickelte, basiert vor allem auf der Fähigkeit, das kreative Potenzial der Mitarbeiter zu erschließen. Laut David Kelley, einem der Gründer von *IDEO*, bedarf dies einer Kultur, die es jedem Mitarbeiter ermöglicht, sein Potenzial zu entfalten und seine Bestimmung zu finden. Denn *IDEO* betrachtet den Erfolg des Unternehmens als das Ergebnis der Beiträge eines jeden Mitarbeiters. Im Umkehrschluss bedeutet dies, dass nicht nur jeder Mitarbeiter, der dazu befähigt wird, sein volles Potenzial abzurufen, erfüllter, glücklicher und motivierter sein soll, sondern auch, dass das Unternehmen als Ganzes erfolgreicher wird. Die Unternehmenskultur von *IDEO* beruht auf sieben Werten, die alle Mitarbeiter verbinden und motivieren. Diese sind aktivierend als Leitsätze formuliert und im „Little Book of *IDEO*" nachlesbar. *IDEO*-Mitarbeiter sehen sich mit sieben Aufforderungen konfrontiert.

1. Sei optimistisch.
2. Arbeite zusammen.
3. Übernehme Verantwortung.
4. Begrüße Unsicherheit.
5. Rede weniger, tue mehr.
6. Lerne aus Fehlschlägen.
7. Befähige andere, erfolgreich zu sein.

Die Kunden von *IDEO* benötigen Lösungen, welche die Zukunft besser machen. Um diese Lösungen zu finden, bedarf es deshalb der positiven Grundeinstellung, dass Möglichkeiten greifbar sind, deshalb *sei optimistisch*. Der Grundgedanke, dass Wissen und auch Kreativität mehr werden, wenn sie geteilt werden, führt zur Aufforderung *zusammenzuarbeiten*. Dies wird von beiden Seiten gefördert, zum einen, indem die Mitarbeiter angeregt werden, nach Hilfe und Meinungen zu fragen. Das wird durch Erreichbarkeit bzw. den leichten Zugang zu anderen Kollegen und somit zu Expertise erreicht, aber zum anderen auch durch die Haltung, dass nach Unterstützung zu fragen keine Schwäche, sondern ein Zeichen von Stärke ist. Auf der anderen Seite werden Mitarbeiter ermutigt, Expertise anzubieten.

Sich auf andere verlassen zu können und die dadurch entstehende gegenseitige Abhängigkeit funktioniert am besten, wenn jeder *Verantwortung übernimmt*. Hinter dem Wert *Unsicherheit zu begrüßen* steckt das Verständnis, dass jede Unklarheit die Möglichkeit birgt, neue Klarheiten zu schaffen. Gleichzeitig gilt es aber auch, sich mit dem Unkomfortablem anzufreunden. *Rede weniger, tue mehr:* Dies ist ein Ansatz aus dem Design Thinking und die Aufforderung, erst einmal einfach zu machen und pragmatische Lösungen zu finden, denn „done is better than perfect". Wenn es dennoch einmal schiefgeht, dann gilt, *lerne aus Fehlschlägen.* Aus Fehlschlägen lernen zu können, spornt die Mitarbeiter an, mutig zu sein und Dinge auszuprobieren, die auch zu Fehlern führen können. Es verlangt aber auch, diese Fehler zu reflektieren und daraus Konsequenzen abzuleiten.

Befähige andere erfolgreich zu sein: Diese Aufforderung steht im Kontrast zur wettbewerbsorientierten Realität in vielen anderen Unternehmen. *IDEO* regt seine Mitarbeiter an, selbstlos die Kollegen zu fördern, zu inspirieren und zu unterstützen und setzt dabei auf die positive Wirkung für beide Seiten, den Empfänger und den Sender dieser Unterstützung, für die eigene Erfülltheit und Motivation.

Diese sieben Werte sind die Grundlage für eine unternehmerische Organisationskultur bei *IDEO*, welche die Mitarbeiter aktiviert und so alle zusammen *IDEO* zu einer der führenden Design- und Innovationsberatungen gemacht hat.

Wie gestalten sich Organisationskulturen nun konkret? Desphandé et al. [19] identifizieren vier Varianten von Organisationskulturen, indem sie zum einen das Kontinuum von organischen zu mechanistischen Prozessen betrachten (das heißt, ob die Kultur eines Unternehmens eher fokussiert ist auf Flexibilität, Spontanität und Individualität oder aber eher auf Kontrolle, Prozesse [49], Stabilität und Ordnung) und zum anderen die Ausrichtung entweder auf interne Erhaltung oder externe Positionierung berücksichtigen (das heißt, fokussiert sich die Kultur eines Unternehmens auf Optimierung der Aktivitäten oder tendenziell eher auf Wettbewerb und Differenzierung). Aus der Kombination der beiden Elemente resultieren vier mögliche Kulturtypen:

- Die „Klan"-Kultur ist gekennzeichnet durch interne Ausrichtung und organische Prozesse,
- die als „Hierarchie" bezeichnete Kultur ist charakterisiert durch eine interne Ausrichtung und mechanistische Prozesse (Bürokratie),
- eine „Markt"-Kultur richtet sich extern aus und beruht auf mechanistischen Prozessen, und
- ein mit „Adhokratie" benannter Kulturtyp ist erkennbar durch seine externe Ausrichtung bei gleichzeitig organischen Prozessen.

Im Kontext des Corporate Entrepreneurship sind die ersten drei Kulturvarianten zu vernachlässigen – es interessiert insbesondere die Adhokratie, die als unternehmerische Kultur verstanden werden kann und sich durch Eigenschaften wie Unternehmertum, Kreativität und Anpassungsfähigkeit auszeichnet. Sie ist ausgerichtet auf Innovation, Wachstum und das Heben neuer Ressourcen. Basis ist eine unternehmerische Grundhaltung der entsprechenden Mitarbeiter, die fest im Wertsystem des Unternehmens verankert ist [95].

> **Merke!**
>
> Eine **Adhokratie** entspricht dem Idealtyp einer unternehmerischen Organisations-
> kultur, blickt über Unternehmensgrenzen hinweg (externe Ausrichtung) und folgt
> organischen Prozessen (Kreativität, Innovativität, Anpassungsfähigkeit).

Das klassische, dreistufige Modell der Unternehmenskultur von Schein [94], welches
Kultur über die Schichten der grundlegenden Annahmen, der Werte und der Artefakte
beschreibt, macht die Funktionsweise und die Zusammenhänge der Elemente einer
jeden Organisationskultur deutlich. Es lässt sich sehr gut vor dem Hintergrund einer
Innovationskultur [35] konkretisieren und damit auch auf eine unternehmerische
Organisationskultur anwenden.

Die Basis einer jeden Organisationskultur sind nach Schein [94] grundsätzliche
Annahmen, die von den Organisationsmitgliedern als selbstverständlich angesehen
werden und die in der Regel unsichtbar und vorbewusst sind. Solche Annahmen be-
treffen beispielsweise

- die Beziehung zur Umwelt,
- die Natur der Wirklichkeit, der Zeit, des Raumes,
- die Natur des menschlichen Wesens,
- die Natur der menschlichen Tätigkeit und
- die Natur der menschlichen Beziehungen.

Für eine unternehmerische Organisationskultur bedeutet dies, dass sie beispielsweise
im Hinblick auf die Natur des menschlichen Wesens dessen Individualität und Auto-
nomiebedürfnis anerkennt und akzeptiert, dass menschliche Tätigkeiten auf Sinnstre-
ben ausgerichtet sind. Sie ist also geprägt von einem Menschenbild, dass den Menschen
gerade im Kontext beruflicher Tätigkeiten nicht zum simplen Befehlsempfänger de-
gradiert, sondern dem Einzelnen das Vertrauen entgegenbringt, überhaupt gute und
sinnvolle Arbeit leisten zu wollen.

Auf dieser Basis konkretisieren sich dann die *Werte* einer unternehmerischen Organisationskultur. Diese Werte sind dem einzelnen Organisationsmitglied bewusster
und präsenter als die oftmals komplett verborgenen, grundlegenden Annahmen.

1. Eine unternehmerische Organisationskultur richtet den Blick auf die Zukunft [82].
   Gerade innovative Vorhaben lassen sich nicht von jetzt auf gleich realisieren und
   zum Erfolg führen, *Langfristigkeit* ist ein Wert.
2. Um neue Ideen und Problemlösungsansätze finden zu können, muss offen kom-
   muniziert werden können [35]. Mitarbeiter müssen ohne Hintergedanken sprechen können, *Offenheit* ist daher ein Wert – auch im Hinblick auf Entwicklungen
   außerhalb des eigenen Unternehmens [1].
3. Oftmals konzentrieren sich Unternehmen auf Effizienzsteigerung und Kostenre-
   duktion. Diese Haltung konterkariert Unternehmertum. Neue unternehmerische

Initiativen generieren Wert beim Kunden und für das Unternehmen. *Wertschöpfung* realisieren zu wollen [86] als grundsätzliche Haltung ist damit ebenfalls ein Wert, der eine unternehmerische Organisationskultur auszeichnet.

4. Unternehmertum braucht Aufmerksamkeit für das Grundsätzliche. Es gilt, sich nicht über die Maße vom Tagesgeschäft ablenken zu lassen. Wer die richtigen Dinge tun will [82], strebt nach *Effektivität* – diese ist ebenfalls ein Wert.

5. Wertschöpfung muss realisiert werden – dies gelingt zum einen über Innovation. Die Kultur muss gute Ideen zelebrieren [86]. Das heißt *Neuheit* ist ein Wert.

6. Wertschöpfung resultiert potenziell auch daraus, die Dinge auf eine andere Art und Weise zu tun. *Wandel* ist daher keine Bedrohung, sondern ein zentraler Wert einer unternehmerischen Organisationskultur [82].

7. Die Bedeutung des Intrapreneurs für erfolgreiches Corporate Entrepreneurship macht es essentiell, den Einzelnen in den Mittelpunkt zu rücken. Das Individuum benötigt die Freiheit zu wachsen und Fehler zu machen, muss aber auch persönliche Verantwortung übernehmen [82]. *Freiheit* und *Verantwortung* sind damit ebenfalls zentrale Werte.

8. Und da der Einzelne trotz seiner Bedeutung vielfach mit der Größe eines unternehmerischen Vorhabens überfrachtet wäre, gilt es ebenso, Zusammenarbeit und Kooperation zu fördern [35]. Neue Ideen entstehen oft im Austausch von Teams und über Bereichsgrenzen hinweg, neue Aufgaben lassen sich zusammen mit anderen oftmals besser und schneller lösen als alleine. *Kooperation* ist daher ein Wert an sich.

Merke!

Eine **unternehmerische Organisationskultur** gründet sich auf Werte wie Langfristigkeit, Offenheit, Wertschöpfung, Effektivität, Neuheit, Wandel, Freiheit, Verantwortung und Kooperation.

Diese Werte äußern sich nach Schein [94] allgemein in sogenannten *Artefakten*. Dazu können Technologien, Designs oder auch beobachtbare Verhaltensweisen gezählt werden. Organisationsexterne können diese Artefakte wahrnehmen, aber oftmals nicht entziffern, da sie die zugrundeliegenden Werte nicht verinnerlicht haben und nicht verstehen. Typische Artefakte einer unternehmerischen Kultur können sein

- die Gestaltung der Arbeitsumgebung (beispielsweise Tischkicker als Symbol einer Startup-Kultur),
- Erzählungen [81] über Angestellte, die Probleme besonders innovativ und unternehmerisch gelöst haben und damit zu „Helden" und Vorbildern im Unternehmen geworden sind,
- der Umstand, dass Kundenprobleme grundsätzlich innovativ gelöst werden,
- besonders innovative Marketingkampagnen oder auch
- ein entsprechender Dresscode, der auf konservative Stilmittel verzichtet.

Zusammengenommen hilft eine unternehmerische Kultur folglich dabei, Hürden für innovative und unternehmerische Vorhaben innerhalb eines etablierten Unternehmens, wie beispielsweise die Risikoaversion [24], zu überwinden. Arthur Fry, der Erfinder der 3M Post-it Notes, veranschaulicht Problem und Lösung in einem Interview mit dem Magazin Fast Company:

» Innovation erfordert eine neuartige Weise, auf die Dinge zu schauen, das Verständnis von Menschen, und den unternehmerischen Willen, Risiken zu tragen und hart zu arbeiten. Eine Idee wird erst dann eine Innovation, wenn sie weit akzeptiert ist und Teil des Alltags der Menschen geworden ist. Die meisten Menschen verweigern sich dem Wandel – daher liegt ein essentieller Bestandteil des Innovierens darin, andere Menschen zu überzeugen, dass deine Idee eine gute Idee ist – indem man ihre Hilfe in Anspruch nimmt und ihnen so hilft, die Nützlichkeit der Idee zu erkennen (orig.: Innovation requires a fresh way of looking at things, an understanding of people, and an entrepreneurial willingness to take risks and to work hard. An idea doesn't become an innovation until it is widely adopted and incorporated into people's daily lives. Most people resist change, so a key part of innovating is convincing other people that your idea is a good one – by enlisting their help, and, in doing so, by helping them see the usefulness of the idea) [97].

Auch empirisch zeigt sich, dass eine unternehmerische Kultur positive Effekte auf das Unternehmensergebnis hat [19] und damit eher konservativen Organisationskulturen vorzuziehen ist.

> **Auf den Punkt gebracht: Eine unternehmerische Organisationskultur sollte positiv, stark und in sich konsistent sein. Sie zeigt sich in Werten wie Langfristigkeit, Offenheit, Wertschöpfung, Effektivität, Neuheit, Wandel, Freiheit, Verantwortung und Kooperation und ist über Artefakte, wie organisationsinterne Erzählungen oder die Ausgestaltung der Arbeitsumgebung, beobachtbar. Ihr Effekt auf die Performance eines Unternehmens ist positiv; sie ist daher eher konservativen Unternehmenskulturen vorzuziehen.**

3.2 Unternehmerische Organisationskultur: Erhalten und fördern

Erkennt das Management eines Unternehmens die Notwendigkeit, die Organisationskultur unternehmerischer zu gestalten, so steht ihm eine entsprechend große Aufgabe bevor. Organisationskulturen lassen sich selbstverständlich ändern, dies jedoch nicht spontan und ad hoc, sondern nur mit einer langfristigen Herangehensweise. Je größer das Unternehmen ist, desto schwieriger wird der *kulturelle Wandel* umzusetzen sein.

◘ Tab. 3.1 Anti-Innovationskultur. (Nach Gelbmann und Vorbach [28])	
#	**Gebot**
1.	Betrachte jede neue, von unten kommende Idee mit Misstrauen – weil sie neu ist und weil sie von unten kommt.
2.	Bestehe darauf, dass Personen, die deine Zustimmung für eine Aktion benötigen, auch die Zustimmung mehrerer höherer Ebenen einholen müssen.
3.	Fordere Abteilungen oder Individuen auf, ihre Vorschläge gegenseitig in Grund und Boden zu verdammen. Dann brauchst du nichts zu entscheiden, nur den Überlebenden zu belohnen.
4.	Drücke Kritik ungehemmt aus und unterdrücke Lob.
5.	Behandle die Aufdeckung von Problemen als Fehlleistung, damit die Leute nicht auf die Idee kommen, dir mitzuteilen, wenn etwas nicht passt.
6.	Achte auf penible und lückenlose Kontrolle der Mitarbeiter und ihrer Tätigkeiten.
7.	Triff Entscheidungen zur Reorganisation heimlich und überfalle die Mitarbeiter hinterrücks.
8.	Stell sicher, dass Informationen nur auf ausdrückliche Nachfrage und jedenfalls nur aus gutem Grund zur Verfügung gestellt werden.
9.	Delegiere auf untergeordnete Manager vor allem die Verantwortung für Einsparprogramme und Rationalisierungen. Und bring sie dazu, es schnell zu tun.
10.	Und vor allem: Vergiss nie, dass du als Angehörige/r der höheren Ebene schon alles Wichtige über dieses Geschäft weißt.

Ein solcher Wandel kann durchaus fünf bis sieben Jahre in Anspruch nehmen – ob die Bemühungen letztendlich von Erfolg gekrönt sein werden, ist dabei nicht garantiert.

Einen ersten Hinweis darauf, wie eine unternehmerische Kultur geschaffen werden kann, gibt ◘ Tab. 3.1. Die darin enthaltenen, nicht ganz ernst gemeinten Hinweise verdeutlichen, wie fragil eine Organisationskultur ist, und wie schnell sich eine innovative, unternehmerische Kultur zerstören lässt.

Die genannten zehn Empfehlungen sind also keinesfalls umzusetzen – ◘ Tab. 3.1 macht aber deutlich, was genau benötigt wird, um eine innovative, unternehmerische Kultur entstehen zu lassen. Dazu zählen beispielsweise das Schaffen von Vertrauen (Hinweis 1), die Gewährung von Autonomie (Hinweis 2 und 6), mehr Offenheit (Hinweis 7 und 8) und auch ein angemessener Umgang mit Fehlschlägen (Hinweis 5).

Wichtig ist es vor diesem Hintergrund, sich klar zu machen, dass der Wandel hin zu mehr Unternehmertum bei Werten beginnt, nicht bei Artefakten. CEOs, die sich beispielsweise dem Tragen von Krawatten verweigern, schaffen ein unternehmerisches Artefakt, welches aber vollständig sinnentleert bleibt, solange es nicht von entsprechenden Werten untermauert wird. Artefakte sind die Konsequenz von Werten, Artefakte prägen hingegen nur bedingt die Werte einer Organisation. Genauso reicht es nicht, wie viele andere Unternehmen auch einmal mit dem Führungskräfteteam ins Silicon Valley als dem berühmtesten „Startup Ecosystem" [6] zu reisen, um sich dort von innovativen Startups inspirieren zu lassen – zwar können etablierte Unternehmen durchaus Unternehmergeist von jungen Unternehmen lernen [32], essentiell ist dabei aber der *ständige* Fokus auf Werte.

Ein Unternehmen hat fraglos die Möglichkeit, sich bewusst für passende unternehmerische Werte zu entscheiden. Wichtig ist es dann, sich ausdrücklich nicht für inhaltsleere Begriffe wie beispielsweise Exzellenz zu entscheiden, sondern „Schlagworte und konkrete Erwartungen" zu verknüpfen [90]. *Netflix* ist ein exemplarisches Unternehmen [33], dem dies auf hervorragende Weise zu gelingen scheint. 1997 als Online-Videothek gestartet und heute einer der dominanten Anbieter im Streaming Media-Geschäft, richtet das Unternehmen seine Kultur an Werten aus, wie sicherem Urteilsvermögen, Kommunikationsfähigkeit, Umsetzungsstärke, Neugier, steter Innovationsausrichtung, Mut, Leidenschaft, Aufrichtigkeit und Handeln orientiert am Nutzen des Unternehmens. Das heißt, *Netflix* fokussiert auf Werte, die Orientierung geben und deren Realisierung Ergebnisse im Sinne des Unternehmens erwarten lassen.

Werden die passenden Werte gelebt, dann entstehen auch Kulturartefakte, wie die Campus Atmosphäre bei *Puma*, die ein Journalist Anfang des Jahrtausends schildert. Puma ist zu diesem Zeitpunkt unter der Führung von Jochen Zeitz eine der Top-Lifestyle-Marken:

>> Wer heute durch die Flure der Puma-Hauptverwaltung huscht, hört fast nur englische Töne und schaut meist in fröhliche, junge, verschiedenfarbige Gesichter. Es herrscht amerikanische Campus-Atmosphäre […] jene produktive Mischung aus viel Arbeit und Spaß … Kaum ein deutsches Unternehmen ist so multikulti, so jung, so global, so virtuell […] Kulturrevolution im Hause Puma: nieder mit hierarchischen Hürden, weg mit dem Abteilungsdenken, Kampf dem Das-haben-wir-immer-so-gemacht […] In dieser anderen Unternehmenskultur fördert und fordert Zeitz Risikobereitschaft. Er lässt seine Leute machen – auch und gerade verrückte Sachen. Ergebnis: trendige Schuhe, modische Klamotten [34].

Eine derart extrem unternehmerische Kultur lässt sich nur schwer über einen radikalen *Kulturwandel* schaffen. Empfehlenswert ist eine inkrementelle Vorgehensweise [90]: So kann beispielsweise der Wandel darüber initiiert werden, dass einem einzelnen Team entsprechender Freiraum eingeräumt wird. Resultieren aus dessen Aktivitäten dann positive Ergebnisse, so können die Freiräume größer gezogen werden – der kulturelle Wandel wird so sukzessive ausgerollt.

Damit die angestrebte unternehmerische Kultur „funktioniert", muss sie das nur oberflächlich widersprüchliche Ziel erreichen, sowohl individualistische Komponenten als auch kollektivistische Komponenten miteinander in Einklang zu bringen [81]. Das heißt die Kultur muss einerseits dem Individuum Freiräume geben, aber andererseits auch Zusammenarbeit und Austausch ermöglichen. Hierzu gilt es, die persönlichen Ziele des Individuums mit den Zielen des Unternehmens auszugleichen. Bei aller Bedeutung des Intrapreneurs (▶ Kap. 2) ist dies nötig, da unternehmerische Projekte, die von einzelnen Individuen forciert werden, tendenziell zu klein und der Komplexität der heutigen Wirtschaftswelt nicht angemessen sind (Zuviel an Individualismus). Demgegenüber droht ein Zuviel an Kollektivismus die individuelle Motivation von Intrapreneuren zu zerstören. Balance ist hier einmal mehr entscheidend.

Dem Management kommt beim Wandel hin zur unternehmerischen Kultur daher besondere Bedeutung zu. Jegliche Organisationskultur entwickelt sich durch einen dialektischen Prozess der Interaktion von Führenden und Geführten [78]. Eine unternehmerische Kultur wird durch Führung geschaffen, die Sinn bei den Geführten evoziert; wie Führung spricht, ist dabei das Hauptinstrument. Sprache innerhalb einer Organisation ist essentiell, um Innovation und Unternehmertum zu ermöglichen [86]. Richtig eingesetzt und im Einklang mit unternehmerischen Werten verwandelt sie

- Anweisungen in Sinn durch Vision,
- Wandel als Bedrohung in Wandel als Chance,
- Angst vor Fehlern in Bereitschaft zu Scheitern und zu Lernen,
- kurzfristiges Selbstinteresse in langfristige, gemeinschaftliche Orientierung,
- Überwachung und Kontrolle in gegenseitiges Vertrauen und Freiheit,
- nach innen gerichtete Selbstorientierung in Kundenorientierung und
- das Infragestellen neuer Ideen in die verbindliche Unterstützung von Ideen.

Beispiel: Die unternehmerische Innovationskultur von *3M*

3M gilt als eines der innovativsten Unternehmen der Welt. Die Zahlen unterstützen diese Einschätzung: Rund 88.000 Mitarbeiter weltweit realisieren fast 40 Mrd. US-Dollar Umsatz – und zwar mit 52.000 Produkten und über 45 Technologieplattformen. Basierend auf 26.000 Patenten werden mehrere hundert neue Produkte pro Jahr eingeführt. Damit wird das Innovationsziel erreicht, gemessen am Umsatz rund 40 % der Produkte im Angebot zu haben, die weniger als fünf Jahre am Markt und somit innovative und neuartige Produkte sind. Ermöglicht wird dies über rund 1,6 Mrd. US-Dollar an jährlichen Investitionen in Forschung und Entwicklung, aber auch durch eine auf Innovation und Unternehmertum ausgerichtete Organisationskultur.

Diese Kultur ergibt sich zum einen aus der Personalauswahl. Typische Fragen aus dem Einstellungstest bei *3M*, die auf Unternehmertum und Innovation abzielen, finden sich beispielsweise mit

- Was für Projekte haben Sie als Kind in Bewegung gesetzt?
- Waren Sie jemals so kreativ, dass Ihre Eltern ausgerastet sind?

Die so gewonnenen, innovativen Mitarbeiter werden bei 3M über eine Vertrauenskultur geführt – das heißt, wenn Vorgesetzte nichts von einem Mitarbeiter hören, so ist dies kein Grund zur Besorgnis, sondern ein Signal dafür, dass alle Projekte in die richtige Richtung laufen. Lässt die kreative Energie eines Mitarbeiters nach, so erfolgt eine Versetzung – dies aber nicht als Bestrafung, sondern mit dem Ziel der Regeneration, also auf eine Position, die neuerliches Entstehen von Kreativität ermöglicht.

Trotzdem 3M in Selbst- und Fremdwahrnehmung ein außerordentlich innovatives Unternehmen ist, wird dort nicht von allen Abteilungen Innovation erwartet. 3M zeigt, dass Organisationen nicht durchgehend innovativ sein müssen, sie müssen vielmehr innovationsbewusst und innovationsfördernd sein. Das heißt, das Unternehmen geht nicht jeden Trend mit, ist aber immer offen für Neues und prüft seine Chancen sorgfältig. Alle Unternehmensbereiche sollen folglich innovative Vorhaben unterstützen – erwartet wird Innovation aber primär von den 8000 Mitarbeitern, die in Forschung und Entwicklung arbeiten. Und nur diese haben die Freiheit, für die 3M neben Google und einigen anderen Unternehmen bekannt ist, rund 15 % ihrer Arbeitszeit nach eigenem Ermessen in nicht von übergeordneten Instanzen genehmigte Projekte zu investieren.

Ergebnis dieser Kultur ist die bekannte Post-it-Geschichte, die oftmals als Beispiel für Zufallsentdeckungen zitiert wird, in Wahrheit jedoch darüber hinausgeht und sowohl ein Beispiel für die Konsequenzen der 15-Prozent-Zeit als auch für positives Scheitern ist. Im Jahre 1970 arbeitet Spencer Silver für 3M an einem möglichst stark haftenden Klebstoff. Das Resultat klebt jedoch so schwach, dass es sich rückhaltlos entfernen lässt. Zu diesem Zeitpunkt entsteht kein Produkt (1. Fehlschlag), aber die Rezeptur wird archiviert und ist damit im Unternehmen bekannt. Vier Jahre später, im Jahr 1974, ärgert sich Arthur Fry, ein Kollege Silvers, dass ihm seine Lesezeichen, die er als Sänger im Kirchenchor seiner Gemeinde verwendet, ständig herunterfallen. Er fixiert daher seine Lesezeichen mit dem bekannten Klebstoff (Resultat der 15-Prozent-Zeit) und ist vom Ergebnis seiner Bemühungen so überzeugt, dass er die Lesezeichen im Unternehmen verbreitet. Seine Kollegen verwenden die haftenden Lesezeichen gerne – allerdings nicht im Sinne Arthur Frys (2. Fehlschlag), sondern als ein Kommunikationsmittel für den Austausch im Büro. Letztendlich entsteht mit der Markteinführung des Produkts im Jahr 1980 eines der bekanntesten und erfolgreichsten Office-Produkte überhaupt. Dies wäre jedoch nicht ohne die passende Unternehmenskultur möglich geworden, die sowohl Freiraum für Experimente gewährt, als es auch ermöglicht, mit Fehlschlägen angemessen umzugehen.

> ⟩⟩ **Auf den Punkt gebracht:** Eine unternehmerische Organisationskultur zu schaffen, ist möglich – gelingt aber nur langfristig. Essentiell ist dabei der Fokus auf selbstgewählte, passende Werte, die im Einklang mit den angestrebten Ergebnissen einer unternehmerischen Organisationskultur stehen. Ein radikaler Wandel ist dabei nur selten möglich – geeigneter ist eine inkrementelle Vorgehensweise, die damit beginnt, einzelne Teile des Unternehmens neu auf unternehmerische Werte auszurichten, und von dort aus mittel- bis langfristig das Gesamtunternehmen positiv beeinflusst.

3.3 Kultur der zweiten Chance: Vorbedingung für Unternehmertum

Wenn Unternehmen sich im Corporate Entrepreneurship engagieren, dann selbstverständlich deswegen, weil sie über mehr Unternehmertum den Herausforderungen einer dynamischen Umgebung begegnen und sich damit langfristig für Erfolg aufstellen wollen. Fehler, Fehlschläge und Scheitern muten in diesem Zusammenhang zuallererst als unerwünscht und nicht zielführend an. Dennoch benötigen gerade innovative und unternehmerische Vorhaben eine tolerante Umgebung, um entsprechend gedeihen zu können. Sie benötigen eine Fehlerkultur im Unternehmen oder – positiv gewendet – eine *Kultur der zweiten Chance,* die dem Individuum die Sicherheit gibt, dass auch im Falle eines Fehlschlags beispielsweise Karrieren nicht komplett zerstört sind.

Fatalerweise mangelt es gerade in Deutschlands etablierten Unternehmen mehr als häufig an einer solchen Kultur der zweiten Chance. Thomas Sattelberger, ehemaliger Personalvorstand der Telekom AG, diagnostiziert die Ursachen dieser unternehmerunfreundlichen Haltung sehr deutlich:

» Deutschland ist das Maschinenhaus der Welt: zu Hause in traditionellen Branchen mit Hidden Champions, die meist älter als 50 Jahre sind. Bei Gründungen und Gründerspirit liegen wir im Schlussfeld, bei Perfektion unserer etablierten Industrie weit vorne. Warum? Bildungssystem und Arbeitskulturen trimmen auf Optimierung und Effizienz. Wir brauchen aber wieder eine unternehmerische Experimentierkultur, in der Scheitern nicht nur erlaubt, sondern als nicht zu vermeidender Bestandteil echten Unternehmertums akzeptiert und auch geschätzt wird [66].

Perfektionismus und ein Bias auf Erfolg stehen einer angemessenen Kultur der zweiten Chance oftmals im Wege. Einerlei ob im Konzern, einem kleinen oder mittelständischen Unternehmen oder auch in einem Startup – jeder wirtschaftlich Verantwortliche will selbstverständlich eher seine Chancen auf Erfolg erhöhen und die dazu notwendigen Schritte unternehmen, als über Misserfolge zu sprechen oder diese gar zu produzieren.

Scheiternde Projekte sind jedoch fester Bestandteil des Wirtschaftslebens und gerade innovative und unternehmerische Vorhaben gehen angesichts ihrer zahlreichen Imponderabilien mit einer erhöhten Fehlschlagswahrscheinlichkeit einher. Danner und Coopersmith [16] verwenden das Bild der Schwerkraft, um die Bedeutung und den üblichen Umgang mit dem Scheitern zu verdeutlichen – genauso wie die Schwerkraft immer existent ist, aber im Alltagsleben immer ignoriert wird, so ist Scheitern allgegenwärtig, wird aber von vielen Menschen lieber ausgeblendet. Gleichzeitig ist Scheitern aber nötig: Genauso wie eine Welt ohne Schwerkraft nicht vorstellbar ist, so ist außerordentlicher Erfolg ohne Scheitern nicht denkbar. Eine Kultur der zweiten Chance im Unternehmen erkennt dies an.

Trifft jedoch ein innovatives Vorhaben auf eine nicht existente Kultur der zweiten Chance, so ist die natürliche Reaktion der Beteiligten Angst. Angst stellt allerdings eine der größten Hürden für Innovation dar; man kann sogar so weit gehen zu sagen, dass die *Angst vor dem Scheitern* (wissenschaftlich: Atychiphobie) der beste Prädiktor für das tatsächliche Scheitern ist [16]. Im Abbau dieser Angst liegt folglich der große Wert einer Kultur der zweiten Chance und eine Hauptaufgabe von Führungskräften.

Fehler, Fehlschläge und Scheitern sind vor diesem Hintergrund ein durchaus komplexes Phänomen. Einfach gesprochen lassen sich Fehler definieren als all diejenigen Ereignisse, die in einem genormten System nicht den darin enthaltenen Verfahrensweisen und Regeln entsprechen und mit einem Ergebnis einhergehen, das so nicht erwartet und erwünscht war [91]. Wichtig ist jedoch auch, dass einem unerwünschten Ergebnis Bedeutung zukommen muss [16]. Diese Bedeutung unterscheidet sich je nachdem, ob das Ereignis in einer Hochzuverlässigkeitsorganisation auftritt oder aber in einer Organisation, die auf Innovation ausgerichtet ist.

Merke!

Fehler sind unerwartete Ergebnisse wirtschaftlichen Handelns mit Bedeutung.

Hochzuverlässigkeitsorganisationen (wie beispielsweise Krankenhäuser, Flughäfen, Just-in-Time-Produktionen, etc.) müssen vollkommen anders mit Fehlern und Scheitern umgehen als ein Intrapreneur, der intern nach Mitstreitern für sein Vorhaben sucht, oder ein innovativer Geschäftsbereich, der danach strebt, ein neues Angebot am Markt zu platzieren und für dieses Angebot Akzeptanz schaffen will. ◘ Tab. 3.2 fasst die möglichen Varianten von Fehlern zusammen – von Interesse für Corporate Entrepreneurship sind dabei vor allem die sogenannten *kreativen Fehler*, die das Resultat eines mit kalkuliertem Risiko eingegangenen unternehmerischen Vorhabens sein können.

Auch diese kreativen Fehler sind nicht erwünscht – da sie unausweichlich sind, müssen sie jedoch akzeptiert werden und das mit ihnen einhergehende Potenzial muss gehoben werden. Eine Kultur der zweiten Chance ermöglicht insbesondere das Lernen aus solchen Fehlschlägen, sie ist im Kern eine *Lernkultur*. Wenn aus Fehlschlägen gelernt wird, dann werden Entwicklungspfade möglich, wie sie Max Levchin, der Gründer von Paypal, in einem Radio-Interview über seine unternehmerische Karriere schildert:

» Das erste Unternehmen, das ich gegründet habe, ist mit einem großen Knall gescheitert. Das zweite Unternehmen ist ein bisschen weniger schlimm gescheitert, aber immer noch gescheitert. Und wissen Sie, das dritte Unternehmen ist auch anständig gescheitert, aber das war irgendwie okay. Ich habe mich rasch erholt und das vierte Unternehmen überlebte bereits. Es war keine große Geschichte, aber es funktionierte. Nummer fünf war dann Paypal [84].

◼ **Tab. 3.2** Typen von Fehlern, ihre Ursachen und angemessene Reaktionen (Toleranz vs. Sanktion). (Nach Kriegesmann et al. [55])

Fehlertyp	Ursache	Toleranz	Sanktion
Sabotage	Absichtliche Fehler beispielsweise durch Betrug	Keine	Voll
Geheime Fehler	Absichtliches Tarnen eines Fehlers	Keine	Voll
Versehen	Nachlässigkeit, Desinteresse	Leicht	Stark
Unterlassen	Fehlendes Handeln aufgrund von Überlastung oder unzureichendem Verständnis	Leicht	Stark
Wiederholungsfehler	Serien von Fehlern aufgrund von Unfähigkeit oder Unwille zu Lernen	Leicht	Stark
Überforderung	Diskrepanz von Fähigkeiten und Verantwortung	Mittel	Mittel
Systemfehler	Umweltdynamik und sich ändernde Verhältnisse	Voll	Keine
„Kreative Fehler"	„Erfolgreiche" Fehlschläge aufgrund eines kalkuliert eingegangenen Risikos	Voll	Keine

Vielen Startup-Unternehmen ist dieses Potenzial bewusst; den meisten etablierten Unternehmen geht ein Bewusstsein für diese Potenzial jedoch immer noch ab, da sie beispielsweise Fehler aus Versehen, Unterlassen oder Überforderung (◼ Tab. 3.2) mit kreativen Fehlern verwechseln und alle Fehlertypen gleichermaßen behandeln. Kreative Fehler zu akzeptieren bedeutet vor diesem Hintergrund ausdrücklich nicht, Nachlässigkeit, Inkompetenz oder Mittelmaß zu fördern. Fehler, die immer wieder auftreten und in Ignoranz, Gewöhnung, Desinteresse und mangelhafter Änderungsbereitschaft begründet sind, sind auch in einer gesunden Kultur der zweiten Chance nicht erwünscht [91] und sollten mit passenden Sanktionen beantwortet werden.

Ein Fokus auf kreative Fehler verschiebt die Sichtweise vom klassischen Gegensatz von Erfolg und Scheitern (◼ Abb. 3.1) hin auf eine weitere, dem Corporate Entrepreneurship angemessenere Sichtweise. Wird in Gegensätzen von Erfolg und Scheitern gedacht, so ist die übliche Antwort, in einem Portfolio innovativer und unternehmerischer Vorhaben zu denken, in dem erfolgreiche Projekte – hoffentlich – die gescheiterten Initiativen überkompensieren. Accelerator-Programme, die Startups unterstützen und zunehmend auch von etablierten Unternehmen initiiert werden (▶ Abschn. 4.2), setzen auf diesen Ansatz. Einer der erfolgreichsten, allerdings konzernunabhängigen

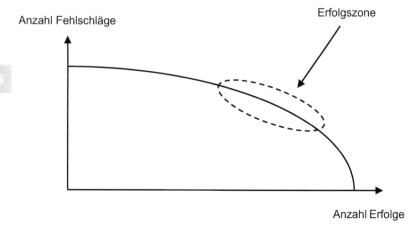

□ Abb. 3.1 Erfolg und Scheitern als Gegensatz. (Nach Burns [12])

Acceleratoren, der kalifornische *Y Combinator*, hat so über etwa zehn Jahre mehr als 500 Projekte gefördert – über die Vielzahl der unterstützten Startups sind dann auch Erfolge wie *Airbnb* oder *Dropbox* möglich geworden.

Merke!

Kreative Fehler sind unerwartete Ergebnisse, die mit außerordentlichem Lernpotenzial einhergehen und auch das Potenzial in sich bergen, in einen nicht visionierten Erfolg gewendet zu werden.

Diese Sichtweise ist folglich nicht falsch, aber verkürzend. Scheitern ist weniger ein Gegensatz zum Erfolg, als vielmehr dessen unvermeidlicher Begleiter [16]. □ Abb. 3.2 verdeutlicht, was überhaupt ein kreativer Fehler sein kann und worin die Bedeutung einer nicht konträren Sichtweise von Erfolg und Scheitern liegt. Die Quadranten I und II entsprechen der klassischen Sicht: Entweder resultiert ein unternehmerisches Vorhaben in einem Erfolg und ist damit nicht gescheitert (Quadrant I) oder es scheitert und ist damit kein Erfolg (Quadrant II).

Genauso existieren aber weitere mögliche Einschätzungen eines Projekts. Quadrant III ist weder ein Erfolg noch ein Fehlschlag und beschreibt damit Projekte, die sich in einem noch ungeklärten Anfangsstadium befinden, die also im Zeitablauf aus diesem Quadranten herauswandern werden und sich dann als Erfolg oder als fehlgeschlagen zeigen werden. Quadrant IV zeigt dabei ein weiteres mögliches, für

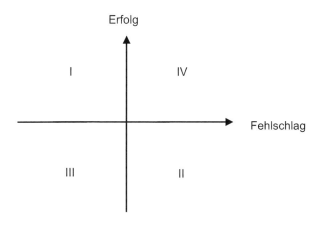

Abb. 3.2 Scheitern als Potenzial. (Nach Burns [12])

eine Kultur der zweiten Chance bedeutsames Ergebnis unternehmerischen Handelns auf. Hier finden sich Projekte, die fehlschlagen, aber dennoch als Erfolg klassifiziert werden können.

Dies ist nur scheinbar widersprüchlich – zum einen können hier Projekte eingeordnet werden, die mit derartig hohen Lernerfolgen einhergehen, dass sie spätere Erfolge ermöglichen – zum anderen finden sich hier *nicht intendierte Entdeckungen*, die in wirtschaftlichen Erfolgen resultieren. Bekannte Beispiele für solche kreativen Fehler sind Post-It-Notizzettel (▶ Abschn. 3.2), das Eis am Stiel oder auch die Entdeckung leitfähiger Kunststoffe. Scheitern sollte also oftmals auch als eine notwendige Investition hin auf dem Weg zu besseren Lösungen bewertet werden [91]. Denn gerade kreative Fehler entstehen häufig aus der Unkenntnis der Rahmenbedingungen, der Unkenntnis von kausalen Zusammenhängen und entsprechenden Interdependenzen. Und genau diese sind eben die Rahmenbedingungen, unter denen unternehmerische Aktivitäten stattfinden.

Die Frage, ob sich im Unternehmen eine Fehlerkultur schaffen lässt, stellt sich im Grunde überhaupt nicht: Jedes Unternehmen hat eine Fehlerkultur, entweder krank oder gesund [91]. Genauso existiert gerade in großen Unternehmen keine durchgängige Fehlerkultur – es mag je nach Abteilung, Geschäftsbereich oder Standort Dutzende, wenn nicht sogar Hunderte verschiedene Ausprägungen geben [75]. Dies ist auch akzeptabel, da eine Kultur der zweiten Chance im Controlling des Unternehmens selbstredend etwas vollkommen anderes sein kann und auch muss, als beispielsweise in innovativen Geschäftsbereichen.

Die Voraussetzungen für eine gesunde Fehlerkultur, also eine Kultur der zweiten Chance, stehen dabei prinzipiell nicht schlecht. 78,2 % der Deutschen [66] erkennen Misserfolge generell als Vorbedingung späteren Erfolgs an und akzeptieren, dass diese eine potenzielle Quelle zur Selbstreflexion und zur Rückbesinnung sind. Jedoch: Fatalerweise scheint eher kleineres Scheitern akzeptabel – wenn sich die Dimensionen vergrößern, so sinkt die Toleranz und die Deutschen werden skeptischer. Und auch denjenigen gegenüber, die „einfach einmal etwas ausprobieren" und damit scheitern [66], ist man nicht unbedingt positiv eingestellt – der oftmals so nötige spielerische Umgang mit dem Neuen wird durch diese Haltung natürlich behindert.

Eine gesunde Kultur der zweiten Chance steht dem entgegen und kann ganz prinzipiell als eine Vertrauens- und Lernkultur charakterisiert werden [91]. Ist eine solche Kultur im Unternehmen gegeben, so ist allen Mitarbeitern bewusst, dass die Konsequenz von Scheitern eben gerade nicht Schikanen, Sanktionen und zerstörte Karrieren sind, sondern vielmehr Versuche, konstruktive Lösungen für die Zukunft basierend auf dem Gelernten zu finden. Damit verschiebt eine Kultur der zweiten Chance die Sichtweise vom simplifizierenden Schwarz-Weiß-Denken, also vom Gegensatz von Erfolg und Scheitern (◻ Abb. 3.1), hin zu einem wirklichen Verständnis für unternehmerisches Handeln, welches sich durch „Ausprobieren, Versuchen, Wagen, Lernen, Testen" [66] auszeichnet.

Führungskräften aus ganz unterschiedlichen Branchen können auf die Frage, ob in ihren Organisationen angemessen mit dem Scheitern umgegangen wird, oftmals nur negativ antworten. Im Regelfall wird im Verhältnis von Vorgesetzen und Mitarbeitern eben nicht offen mit Fehlern umgegangen und darüber angemessen gesprochen. Gleichzeitig ist häufig zu beobachten, dass mit problematischen Entwicklungen nicht lösungsorientiert und konstruktiv umgegangen wird, sondern dass man sich vielmehr auf Schuldzuweisungen und das abwehrende Wegdiskutieren von Verantwortung fokussiert. So mag der Einzelne sich schützen – im Interesse des Unternehmens ist dies jedoch nicht.

Aber auch wenn ein organisationsweites Bewusstsein für das Potenzial des Scheiterns und die Chancen einer Kultur der zweiten Chance fehlt, so existieren doch *Stellhebel*, um eine solche Kultur zu fördern. Hierzu zählen [75] Geschichten, Mythen und Symbole, das Führungskräfteverhalten und ebenfalls Rituale, die auch in kleineren, abgegrenzten Teilen einer Organisation dazu dienen können, erste Schritte hin zu einer Kultur der zweiten Chance zu gehen, und dann in der Folge entsprechend positiv auf die Gesamtorganisation ausstrahlen können.

Merke!

Eine **Kultur der zweiten Chance** wird ermöglicht durch angemessene Geschichten, Mythen und Symbole, passendes Führungskräfteverhalten und positive Rituale.

Geschichten und *Mythen* über gescheiterte Projekte können sowohl positive als auch negative Effekte auf die Unternehmenskultur haben. Anekdotisch: Wenn in einem sonst fehlertoleranten Unternehmen die natürlich scherzhaft gemeinte Legende herumgeht, dass wer Fehler mache, ins hauseigene Unternehmensgefängnis eingeliefert werde – so hat dies negative Effekte. Wenn demgegenüber das Scheitern als Teil der Erfolgsgeschichten herausragender Projekte eines Unternehmens erzählt wird, so baut dies die Angst vor dem Scheitern ab.

Auch *Symbole* sind in diesem Zusammenhang wichtig. Wenn zum Beispiel in einer Entwicklungsabteilung eine weithin sichtbare Pinnwand aufgehängt wird, auf der alle Fehler im Produkt notiert sind, die identifiziert wurden und gelöst werden sollen – so ist dies nicht nur ein simples Managementtool, sondern auch ein wirkmächtiges Symbol, welches verdeutlicht, dass es in Ordnung ist, Fehler aufzudecken. Und größer gedacht: Etliche Unternehmen stellen *alle* Produkte ihrer Unternehmensgeschichte aus, inklusiver derjenigen, die nicht vom Markt akzeptiert wurden. So verdeutlichen sie, dass gescheiterte Projekte untrennbar zum Unternehmen gehören – das Produkt dient dann als Symbol für eine Kultur der zweiten Chance. In Kombination mit den erfolgreichen Angeboten des Unternehmens verdeutlicht dies auch, dass Scheitern und Erfolg untrennbar voneinander sind.

Im Umgang mit dem Scheitern kommt auch dem *Führungskräfteverhalten* besondere Bedeutung zu. Anstatt eine Situation oder ein Projekt als gescheitert einzuschätzen, neigen Führungskräfte viel zu oft dazu, Individuen als gescheitert zu betrachten [16]. Eine solche Haltung steigert die Angst vor dem Scheitern bei den Untergebenen und geht häufig mit unangemessenen Schuldzuschreibungen einher. Kombiniert mit einem autoritären Führungsstil, der hauptsächlich auf Sanktionen setzt, resultiert hieraus eine kranke Fehlerkultur, die dazu führt, dass Mitarbeiter Probleme, Schwierigkeiten und Fehlschläge nur wenn unbedingt nötig offenlegen [91]. Angemessener und kulturfördernder ist ein Führungskräfteverhalten, dass Vertrauenswürdigkeit in den Vordergrund stellt und so beidseitige Offenheit fördert.

Rituale und *Routinen* haben ebenfalls großen Einfluss auf das Entstehen oder Vergehen einer Kultur der zweiten Chance. Generell haben nach feststehenden Regeln immer wiederkehrende Ereignisse einen immensen Symbolgehalt – etablierte Unternehmen machen sich dies beispielsweise zunutze, indem sie die aus der Startup-Welt kommenden, sogenannten „Fuck Up Nights" importieren, auf denen gescheiterte Unternehmer von ihren Erfahrungen berichten. Auch in etablierten Unternehmen ist dies möglich: Manager, deren Projekt gescheitert ist, berichten über Ursachen, Konsequenzen und das daraus Gelernte. Die Botschaft solcher Rituale ist eindeutig: Auch Führungskräfte sind fehlbar und gerade dann, wenn aus dem Scheitern gelernt wird, ist Scheitern auch akzeptabel.

Eine Unternehmenskultur, die sich der genannten Aspekte bedient, erlaubt dann eben auch die experimentelle Herangehensweise an Neues – und macht Scheitern in angemessener Weise möglich. Die in ◼ Tab. 3.3 genannten Prinzipien eines guten

Fehlermanagements können Führungskräften dabei helfen, einen ersten Schritt auf die Etablierung einer Kultur der zweiten Chance hin zu gehen.

Selbstredend sind die genannten Aspekte einer Kultur der zweiten Chance und auch die Prinzipien guten Fehlermanagements noch als verhältnismäßig allgemein zu bewerten – um das Scheitern durch Management zu gestalten, bedarf es eines angemessenen Prozesses.

Schlechte Prozesse zum Umgang mit dem Scheitern [91] sind destruktiv in der Fehleranalyse und kennen nur Sanktion als Antwort auf unerwünschte Ergebnisse. Die Reaktion von Mitarbeitern eines Unternehmens auf solche *Prozesse* wird sicherlich das unbedingte Streben nach dem Abstellen von Fehlern sein – wenn diese dennoch auftauchen, was ja unausweichlich der Fall sein muss, so werden die Probleme allerdings mit hoher Wahrscheinlichkeit verleugnet und vertuscht werden. Demotivation entsteht und das Management kann nicht mehr erwarten, Engagement (auch unternehmerisches) bei den Mitarbeitern zu sehen.

Ganz offenkundig besser geeignet sind Prozesse, die Fehler konstruktiv analysieren, gerade kreative Fehler auch akzeptieren und bei Problemen zuallererst nach Lösungen im Sinne des Unternehmens suchen. Dies erlaubt Mitarbeitern zu lernen, fordert zum Mitdenken auf und hält Motivation aufrecht. Der von Danner und Coopersmith [16] vorgeschlagene Fehlerzyklus ist ein solch angemessener, iterativer Prozess (◘ Abb. 3.3). Danach sind geeignete Schritte zum Umgang mit dem Scheitern in drei Phasen einzuteilen: Vor dem Scheitern, direkt bei Auftreten eines Fehlschlags und nach dem negativen Ereignis.

Merke!

Der **Fehlerzyklus** ermöglicht das Management des Scheiterns durch angemessene Vorbereitung auf potenzielles Scheitern, rationalen Umgang mit konkretem Scheitern und zielführendes Nachbereiten vergangenen Scheiterns.

In der Phase vor dem potenziellen Scheitern gilt es im Unternehmen sicherzustellen, dass Scheitern allgemein anerkannt wird (*Respektieren*), dass der Ernstfall eingeübt wird (*Probieren*) und auch, dass problematische Bereiche überhaupt identifiziert werden (*Erkennen*).

1. Damit das Scheitern allgemein im Unternehmen *respektiert* wird, ist es zielführend, aktiv die genannten Symbole, Rituale und auch Geschichten zu nutzen, um zu signalisieren, dass es akzeptabel ist, über das Scheitern zu sprechen und Fehlschläge sichtbar zu machen. Respekt für das Scheitern muss sich durch die ganze Organisation ziehen – gleichzeitig ist es aber nicht nötig, jeglichen Fehlschlag zu tolerieren und unsanktioniert zu belassen (◘ Tab. 3.2). Es muss in einem Unternehmen Bereiche geben, in denen das Scheitern ausdrücklich erlaubt ist (beispielsweise in

#	Prinzip
O Tab. 3.3 Prinzipien eines guten Fehlermanagements [75]	
1.	Machen Sie Misserfolg sichtbar und akzeptiert.
2.	Bereiten Sie sich auf den Misserfolg vor.
3.	Lösen Sie sich von der Angst vor Fehlern, indem Sie experimentieren.
4.	Tritt der Misserfolg ein, handeln Sie lösungsorientiert.
5.	Klammern Sie in der Bewertung von Misserfolgen die beteiligten Personen strikt aus.
6.	Handeln Sie angemessen und richten Sie den Blick nach vorne.
7.	Machen Sie Misserfolg zu einem Bestandteil Ihrer Unternehmenskultur.

Entwicklungsabteilungen), andere Bereiche, in denen Mängel nach dem Motto „gut genug ist besser als großartig" tolerabel sind und natürlich auch Bereiche, in denen Scheitern definitiv nicht toleriert werden kann (so beispielsweise in den Bereichen einer börsennotierten Aktiengesellschaft, die gesetzliche Berichtspflichten definitiv und korrekt zu erfüllen haben). Vor dem Hintergrund von Corporate Entrepreneurship ist das Signal an die Mitarbeiter, dass im Unternehmen das Ergreifen von Initiative gewürdigt wird. *BMW* hat dies in einem seiner Werke mit der regelmäßigen Auszeichnung des kreativen Fehlers des Monats [55] geschafft, *Google* erreicht Ähnliches, wenn der ehemalige CEO *Eric Schmidt* sagt: „Wir feiern unsere Fehlschläge." [24]

2. Vorbereitend auf den Ernstfall gilt es auch, diesen zu *probieren*. Das Management muss Klarheit darüber gewinnen, in welchen Bereichen Verlässlichkeit unabdingbar ist und wo genau Flexibilität und Fehlschlagtoleranz mehr Unternehmertum ermöglichen sollen. In welchen Bereichen des Unternehmens werden Fehlschläge mit hoher Wahrscheinlichkeit auftreten? Welche Maßnahmen müssen getroffen werden über die klassische Managementaufgabe hinaus, Hochzuverlässigkeitsbereiche zu schaffen? Ziel dieses Schritts ist die Implementierung einer durch Autonomie geprägten Kultur des Experimentierens an angemessenen Orten im Unternehmen.

3. Fataler als ein Fehlschlag selbst ist es oftmals, diesen überhaupt nicht oder erst viel zu spät zu *erkennen*. Es gilt, eindeutig zu identifizieren, was im Unternehmen geschützt werden muss – dazu ist es hilfreich, gewohnte Denkbahnen zu verlassen, insbesondere auf schwache Signale zukünftigen Scheiterns zu achten und die eigene, periphere Wahrnehmung zu aktivieren, um so einen umfassenden Überblick zu ermöglichen.

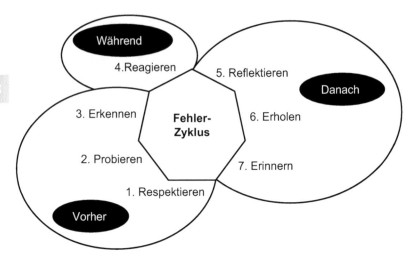

◘ Abb. 3.3 Fehlerzyklus. (Nach Danner und Coopersmith [16])

Wird das Scheitern konkret, beginnt eine weitere Phase des Fehlerzyklus, in der es gilt, auf das Problem in geeigneter Weise zu antworten (*Reagieren*).

4. Priorität in der Phase der *Reaktion* auf einen Fehlschlag hat die Stabilisierung der Situation. Es ist hier ausdrücklich nicht das Ziel, das vollständige Problem sofort zu lösen; dies ist einem späteren Zeitpunkt vorbehalten. Das Management muss zuerst allen Beteiligten zuhören und Informationen sammeln – nicht um Schuldige zu identifizieren (◘ Tab. 3.3), sondern um das Ausmaß des Scheiterns zu verstehen. In dieser Phase gilt es auch, das Scheitern nicht zu verleugnen, sondern in angebrachter Art und Weise zu kommunizieren und im Zuge des Impression Management [41] auch ehrlich und angemessen Entschuldigungen einzusetzen.

Im Nachgang zum Scheitern muss aus dem negativen Ereignis gelernt werden. Dies gelingt über das Verstehen der Ursachen (*Reflektieren*), das Wiederherstellen der Handlungsfähigkeit im Unternehmen (*Erholen*) und die Dokumentation (*Erinnern*).

5. Das Verständnis der Ursachen des Scheiterns erfordert *Reflektion* – diese ist jedoch nicht zu verwechseln mit übertriebener Analyse, die oft eskalieren kann (sprichwörtlich: Paralyse durch Analyse). Unternehmen sollten hier zwar ausreichend Zeit einräumen, um aus dem Fehlschlag zu lernen, gleichzeitig aber zügig aus dieser Phase herauskommen, um die eigenen Aktivitäten weiterzuentwickeln. Leitendes Prinzip dieser Phase ist es, das gemeinsame Lernen über Schuldzuweisungen zu stellen. Managementinstrumente, die sich hierzu bewährt haben [91], finden

sich in Form von Fehlerworkshops, Foren im Intranet, in denen offen diskutiert werden kann oder auch dem simplen Setzen der Bearbeitung des Fehlers auf die Besprechungsagenda.

6. Die Phase der *Erholung* dient dann dazu, das aus Reaktion und Reflektion Gelernte umzusetzen. Neue Erfolge und das deutliche Abstellen der Ursachen eines unerwünschten Ergebnisses ermöglichen es den Mitarbeitern, wieder positiv nach vorne zu schauen.

7. Abgeschlossen wird der Fehlerzyklus mit der Dokumentation des Ereignisses und der Antwort des Unternehmens hierauf (*Erinnern*). Richtiges Erinnern ist entscheidend – und es ist leicht, hier entsprechend falsch zu agieren. In der Phase des Erinnerns entstehen auch die eine Kultur der zweiten Chance prägenden Geschichten und Mythen. Da der Mensch dazu tendiert, negative Ereignisse in der Erinnerung dominieren zu lassen, wächst hier leicht die Angst vor weiterem Scheitern. Rituale, wie Teams, die gescheiterte Projekte im wortwörtlichen Sinne beerdigen, können helfen, die Erinnerung richtig, das heißt positiv, zu prägen.

In der Konsequenz ist mit einer besseren Performance des Unternehmens zu rechnen. Dies ist auch empirisch belegt [23]: Wenn Unternehmen einen angemessenen Umgang mit dem Scheitern gelernt haben, wenn sie also beispielsweise eine Kultur der Offenheit pflegen, wenn Mitarbeiter sich in extremen Situationen gegenseitig unterstützen und wenn Fehler schnell identifiziert und durch entsprechende Maßnahmen adressiert werden – dann steigt die *Unternehmensleistung*. Solche Unternehmen erreichen mit einer höheren Wahrscheinlichkeit ihre Ziele, bestehen länger am Markt als ihre direkte Konkurrenz und weisen eine höhere Gesamtkapitalrentabilität auf. Es ist folglich sinnvoll, sich als Unternehmen gelegentlich die Aussage von *Christoph Keese*, Executive Vice President der *Axel Springer SE*, zu vergegenwärtigen, die auch als Quintessenz dieses Kapitels verstanden werden sollte:

》 Scheitern sollte als Auszeichnung gelten. Wer noch nie gescheitert ist, darf nicht befördert werden. Aufstieg in höhere Funktionen sollte denjenigen vorbehalten bleiben, die schon einmal ein größeres Risiko eingegangen sind. Glatte Karrieren haben nicht mehr als Ausdruck von Zielstrebigkeit zu gelten, sondern als Beweis von Ideenlosigkeit [38].

◎ **Auf den Punkt gebracht: Eine Kultur der zweiten Chance erkennt an, dass gerade zu innovativen und unternehmerischen Vorhaben auch das Scheitern gehört. Scheitern ist dabei kein simpler Gegensatz zum Erfolg; kombiniert mit richtigem Lernen kann es vielfach auch als Vorbedingung späteren Erfolgs verstanden werden. Vielen Unternehmen mangelt es jedoch an einer passenden Kultur der zweiten Chance. Gefördert werden kann diese Kultur beispielsweise über Symbole, Rituale und passendes Führungskräfteverhalten. Konkretes Scheitern lässt sich durch das Management über den Fehlerzyklus steuern.**

3.4   Lern-Kontrolle

Kurz und bündig

Corporate Entrepreneurship benötigt eine unternehmerische Organisationskultur, um gedeihen zu können. Diese Organisationskultur wirkt sich positiv auf die Unternehmensleistung aus und beruht auf unternehmerischen Werten wie Neuheit, Wandel, Freiheit und Langfristigkeit. Soll eine solche Kultur geschaffen werden, muss ein Unternehmen zur eigenen Situation passende Werte wählen und diese in kleinen Schritten über das ganze Unternehmen ausbauen. Zentraler Baustein ist dabei eine Kultur der zweiten Chance, das heißt eine Kultur, die anerkennt, dass gerade unternehmerische Initiativen auch scheitern können. Diese Kultur baut die weitverbreitete Angst vor dem Scheitern ab und erlaubt auf diese Weise mehr unternehmerisches Engagement.

❷ Let's check

1. Nennen und erläutern Sie die Werte, auf denen eine unternehmerische Organisationskultur beruht.
2. Was sind kreative Fehler und worin liegt ihr Potenzial verborgen?
3. Über welche Schritte im Fehlerzyklus lässt sich das Scheitern steuern?

❷ Vernetzende Aufgaben

1. Angenommen, ein Unternehmen weist eine extrem konservative, nicht unternehmerische Organisationskultur auf. Wie sollte der Wandel gestaltet werden? Argumentieren Sie für radikale Änderungen oder favorisieren Sie eine kleinschrittige Vorgehensweise?
2. Reflektieren Sie offen und ehrlich mit sich selbst Ihre Haltung zu fehlgeschlagenen Projekten. Verdienen diejenigen, die mit unternehmerischen Vorhaben gescheitert sind, Anerkennung dafür, dass sie etwas bewegen wollten?
3. Die deutsche Wirtschaft ist für ihren Perfektionismus bekannt – mancher sieht diesen sogar als einen Wettbewerbsvorteil. Bedroht eine Kultur der zweiten Chance diesen Perfektionismus? Wie könnten das Streben nach Perfektion und eine Kultur der zweiten Chance aufeinander abgestimmt werden?

❶ Lesen und Vertiefen

– Hogan, S. & Coote, L. (2014). Organizational culture, innovation, and performance: A test of Schein's model. *Journal of Business Research* 67(8), 1609–1621.
– Kriegesmann, B., Kley, T., & Schwering, M. (2005). Creative errors and heroic failures: capturing their innovative potential. *Journal of Business Strategy* 26(3), 57–64.
– Kuckertz, A., Mandl, C. & Allmendinger, M. (2015). *Gute Fehler, schlechte Fehler – wie tolerant ist Deutschland im Umgang mit gescheiterten Unternehmern?* Universität Hohenheim: Stuttgart. Online verfügbar unter ▶ www.neue-unternehmerkultur.de

Corporate Entrepreneurship mit Kooperationen umsetzen

Andreas Kuckertz

4.1   Startup-Corporate-Kooperation: Grundlagen – 72

4.2   Kooperation durch Inkubatoren, Company
       Builder, Akzeleratoren: Startup Unterstützung
       als strategisches Instrument – 82

4.3   Kooperation durch Investition: Mit Corporate-
       Venture-Capital von Startups profitieren – 87

4.4   Lern-Kontrolle – 94

© Springer Fachmedien Wiesbaden GmbH 2017
A. Kuckertz, *Management: Corporate Entrepreneurship,* Studienwissen kompakt,
https://doi.org/10.1007/978-3-658-13066-4_4

Lern-Agenda
In diesem Kapitel werden Sie lernen,
- wie Kooperationen mit jungen Unternehmen grundsätzlich gestaltet werden können,
- mit welchen Programmen etablierte Unternehmen mehr über Startups lernen können und
- wie das Investieren in Startups zu mehr Corporate Entrepreneurship führen kann.

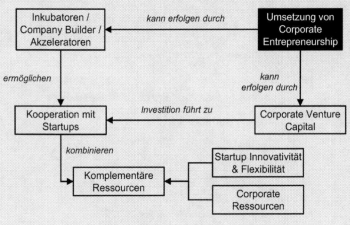

◻ Concept Map: Corporate Entrepreneurship mit Kooperationen umsetzen

4.1 Startup-Corporate-Kooperation: Grundlagen

Corporate Entrepreneurship nicht alleine, sondern in Zusammenarbeit mit anderen Parteien realisieren zu wollen, ist in den letzten Jahren verstärkt in den Fokus etablierter Unternehmen gerückt. Sich nur auf die eigenen Intrapreneure (▶ Kap. 2) und seine hoffentlich unternehmerische Organisationskultur (▶ Kap. 3) zu verlassen, ist augenscheinlich nicht ausreichend, um unternehmerische Ziele zu erreichen. *Kooperationen* mit denjenigen, die prototypisches Unternehmertum betreiben, erscheinen daher als ein interessantes, weiteres Instrument des Corporate Entrepreneurship – etablierte Unternehmen streben folglich danach, immer mehr und öfter mit Startups zu kooperieren.

Ein junges Startup und ein etabliertes Unternehmen sind zwei Organisationsformen, die widersprüchlicher nicht sein könnten (▶ Abschn. 1.1). Ihre Unterschiedlichkeit könnte vermuten lassen, dass eine Zusammenarbeit so gut wie unmöglich wäre – glücklicherweise sind beide Unternehmenstypen aber in wesentlichen Punkten komplementär [43] zueinander. Diese Möglichkeit, sich gegenseitig zu ergänzen, motiviert dann auch oftmals, sich den Schwierigkeiten einer Zusammenarbeit zu stellen. Erfolgreiche Startup-Corporate-Kooperationen gehen mit dem Potenzial einher, das Beste aus zwei sehr unterschiedlichen Welten zusammenzubringen.

Auf den Punkt gebracht: Startups bringen Innovativität und Agilität mit, während große, etablierte Unternehmen über interessante Ressourcen verfügen, die ihrem jungen Gegenpart oftmals abgehen [107]. Das heißt, junge Unternehmen sind flexibel, schnell und dazu fähig, kreativ zu denken. Etablierte Unternehmen hingegen verfügen über umfangreiche Erfahrungen, Netzwerke und Zugang zu Märkten und Kunden [99].

Merke!

Startup-Corporate-Kooperationen zielen auf die Schaffung von Vorteilen für beide beteiligten Parteien durch das Einbringen komplementärer Ressourcen wie Agilität und Innovativität des Startups und Finanzkraft und Marktmacht des etablierten Unternehmens.

Dies miteinander zu kombinieren, ist augenfällig mehr als sinnvoll. Startups werden also zunehmend als Kooperationspartner interessant, während etablierte Unternehmen bei Kooperationen und Allianzen insbesondere bei innovativen Vorhaben in der Vergangenheit eher an andere Stakeholder gedacht haben – wie beispielsweise Kunden, Lieferanten oder Universitäten und andere Forschungseinrichtungen [60]. Zwar wird seit langem zwischen Etablierten und Startups vor allem durch Investition kooperiert (sogenanntes Corporate-Venture-Capital (► Abschn. 4.3)); dies ist jedoch nur eine mögliche Vorgehensweise, die in der jüngeren Zeit durch viele weitere Instrumente ergänzt worden ist [107].

Startup-Corporate-Kooperationen sind vor dem Hintergrund der generellen Öffnung von Innovationsprozessen (Open Innovation) zu sehen. In der Literatur wird Corporate Entrepreneurship nur selten mit *Open Innovation* in Bezug gesetzt – dennoch gehört beides zusammen [107], denn die Parallele von Open Innovation und Unternehmertum ist deutlich [1]. Grundsätzlich beschreibt Open Innovation Innovationsprozesse als einen „vielschichtigen (offenen) Such- und Lösungsprozess", der zwischen einer Organisation und den unterschiedlichsten *externen Partnern* stattfindet. Ziel dabei ist es, durch die Zusammenarbeit mit unternehmensexternen Akteuren kreatives „Out of the Box"-Denken zu erreichen [85]. Open Innovation heißt dann nicht nur, dass beispielsweise global aktive Unternehmen internationale Ideenwettbewerbe ausschreiben, um so an fundierte Vorschläge etwa aus der Wissenschaft zu gelangen, die am Ende in neuen Angeboten des Unternehmens an seine Kunden resultieren können. Open Innovation heißt eben auch, strukturierte Programme aufzusetzen, um vom Unternehmergeist anderer zu profitieren [43]. Dies gelingt, wenn etablierte Unternehmen zusammen mit Startups gemeinsam unternehmerische Vorhaben umsetzen [31]. Grundsätzlich gesprochen wird Kooperation immer dann möglich, wenn möglichst *komplementäre Ressourcen* zusammengebracht werden können. Das muss nicht bei der eher weichen Kombination aus Flexibilität der Startups und finanziellen Ressourcen der Etablierten verbleiben. Empirisch hat sich gezeigt, dass Startup-Corporate-Kooperationen immer dann besonders häufig stattfinden, wenn einige wenige etablierte Unternehmen den Zugang zum Markt kontrollieren und gleichzeitig viele neue Marktteilnehmer auftreten, die über neuartige Technologien verfügen, die etablierte Unternehmen noch nicht gemeistert haben [93]. Dies war beispielsweise mit der Einführung des Mobilfunks der Fall: Einige wenige Telekommunikationskonzerne kontrollierten den Marktzugang und eine große Menge an Startups entwickelte Hard- und Software, die für die etablierten Marktteilnehmer von außerordentlichem Interesse waren. Kooperation waren dann die zwangsläufige Antwort auf diese Gegebenheiten.

Trotz des offenkundigen Potenzials sind Startup-Corporate-Kooperationen oft schwer zu realisieren. Zwar besteht grundsätzlich ein hohes Interesse an den Aktivitäten von Startups auf Seiten der etablierten Unternehmen, gleichzeitig sehen Startups größere Unternehmen nicht unbedingt als wirklich kooperationsbereit an [60] und so vergeben sie in Umfragen oft tendenziell eher schlechte „Schulnoten" [52] an ihre möglichen Kooperationspartner.

Dass oftmals kein Wille zur Kooperation diagnostiziert werden muss, mag zumindest in Teilen an überzogenen Erwartungen der etablierten Unternehmen liegen. ◼ Tab. 4.1 zeigt, was etablierte Unternehmen üblicherweise von ihren Kooperationspartnern erwarten und macht deutlich, dass Startups diese Erwartungen in der Regel nicht erfüllen können.

Diese Erwartungen laufen sämtlich auf Sicherheit und Verlässlichkeit in allen Aspekten hinaus – Erwartungen, die ein junges Unternehmen, das sich möglicherweise sogar noch auf der Suche nach einem funktionierenden Geschäftsmodell [59] befindet, nur sehr schlecht bedienen kann. Auch in weiteren kooperationsrelevanten Aspekten sind die beiden möglichen Partner außerordentlich unterschiedlich, was die Zusammenarbeit erschwert.

So existieren stellenweise dramatische *Differenzen* im Hinblick auf die Verhandlungsmacht, die individuelle Lernfähigkeit, die strukturelle und organisationale Kompatibilität sowie die Aufmerksamkeit, die Allianzen und Kooperationen entgegengebracht wird [17]. Etablierten Unternehmen muss bewusst sein, dass die Zusammenarbeit mit Startups etwas vollkommen anderes darstellt und andere Mittel erfordert als dies beim Standardkooperationsmanagement allein unter etablierten Unternehmen der Fall ist. Die Ziele der an einer Startup-Corporate-Kooperation beteiligten Partner stellen sich außerordentlich divers, unterschiedlich und vielfach

◻ **Tab. 4.1** Die Erwartungs-Praxis-Lücke – Anforderungen etablierter Unternehmen an potenzielle Kooperationspartner und dazu nicht passende Lage in Startups. (In Anlehnung an Schönenberger [99])

Erwartungen etablierter Unternehmen an Kooperationspartner	Situation von Startups
Nachweis technischer Kompetenz	Nur belegt durch Ideen, Know-how oder Prototypen, nicht durch marktfähige Produkte
Existierende Referenzkunden	Keine bis wenige Kunden
Produktmuster und Spezifikationen verfügbar	Produkte noch in der Entwicklung
Vertrautheit des Kooperationspartners mit Unternehmensprozessen in etablierten Organisationen	Geringe Erfahrung mit Großunternehmen und Branchengepflogenheiten
Stabilität in finanzieller und unternehmerischer Hinsicht	Unsicherheit bezüglich der weiteren Entwicklung

sogar widersprüchlich dar (◻ Tab. 4.2). Die Herausforderung besteht folglich darin, diese unterschiedlichen Ziele zu erkennen, in der Folge auszubalancieren und auf ein gemeinsames, übergeordnetes Ziel auszurichten.

Trotz dieser zahlreichen Schwierigkeiten und potenziellen Konflikte werden Startup-Corporate-Kooperationen mit zunehmender Häufigkeit realisiert. Denn eine Kooperation mit einem jungen Unternehmen bindet auf der etablierten Seite nur verhältnismäßig geringe Ressourcen, geht aber mit entsprechend großem Aufwärtspotenzial einher [60]. Dieses Potenzial sollte das offenkundige Risiko [17] einer Zusammenarbeit mehr als überkompensieren. Viele Konzerne haben dies verstanden – Nachholbedarf besteht jedoch im deutschen Mittelstand, der in der Regel nur dann Kooperationen mit jungen Unternehmen eingeht, wenn es ihm wirtschaftlich gut geht [5]. Startup-Corporate-Kooperationen sind jedoch keine Kür, die Unternehmen sich nur im Aufschwung leisten können. Innovation und Unternehmertum sind vielmehr eine grundsätzliche Unternehmensfunktion, die dauerhaft und nachhaltig ausgefüllt werden will.

Warum aber wird ganz konkret kooperiert? Aus Sicht der jungen Unternehmen lassen sich über eine Startup-Corporate-Kooperation eine Reihe von *Zielen* besser als alleine erreichen. Zu diesen zählen in abnehmender Wichtigkeit [52]

▬ das Nutzen des Kunden-/Marktzugangs des etablierten Unternehmens,
▬ das Profitieren von der Reputation bzw. dem hoffentlich positiven Image des etablierten Kooperationspartners,

Tab. 4.2 Unterschiede in den Kooperationszielen von jungen und etablierten Unternehmen. (In Anlehnung an Das und He [17])

Sichtweise auf Allianzen	Junges Unternehmen	Etabliertes Unternehmen
Kontrolle über Technologie	Strebt an, Kontrolle zu behalten	Strebt an, Kontrolle zu übernehmen
Vertrauen in die Technologie	Stark bis „overconfident"	Skeptisch
Organisationale Aspekte	Entscheider sind Ausführende	Entscheider sind nicht Ausführende
Bedeutung der Kooperation	Kooperation ist eine Frage des Überlebens	Kooperation ist keine Frage des Überlebens
Strategisches Ziel der Kooperation	Überleben und Wachstum	Manchmal nur Verhinderungsstrategie
Dauerhaftigkeit der Selbstverpflichtung	Kann sich ändern	Stabil

- die Kombination der eigenen Technologieexpertise mit dem Technologiewissen des etablierten Partners,
- die mögliche Investition des etablierten Partners in das Startup (Fundraising-Option (► Abschn. 4.3)),
- der Verkauf des Startups an den etablierten Partner (Exitmöglichkeit) sowie
- der Zugang zu Daten.

Demgegenüber verfolgen etablierte Unternehmen tendenziell andere Ziele mit einer Startup-Corporate-Kooperation. Mit abnehmender Wichtigkeit sind dies [5]

- das Erschließen neuer Technologien,
- die Umsetzung von Produktinnovationen,
- der Einstieg in vollkommen neue Märkte,
- die Identifikation und Ansprache hochqualifizierter, potenzieller Mitarbeiter (► Kap. 2),
- die Entwicklung neuer Geschäftsmodelle,
- die Umsetzung von Serviceinnovationen sowie
- die finanzielle Beteiligung an jungen Unternehmen.

Zusammengenommen wird deutlich, dass entgegen landläufig vorherrschender Annahmen der monetären Komponente aus beiden Perspektiven faktisch nur eine geringe Bedeutung zukommt. Die Gemeinsamkeit in den Zielsetzungen scheint eher darin zu bestehen, kooperativ Produkte, Services und Märkte entwickeln zu wollen.

Gleichzeitig existieren aber auch Widersprüche und unvereinbare Ziele. Wenn etablierte Unternehmen eine Startup-Corporate-Kooperation mit dem Ziel der Mitarbeiterakquise angehen, so gefährden sie die weitere Existenz ihres Kooperationspartners. Personal stellt in allen Unternehmen grundsätzlich eine kritische und entscheidende Ressource da. Während aber etablierte Unternehmen den Wechsel einzelner Kompetenzträger in der Regel gut auffangen können, steht die weitere Entwicklung eines jungen Unternehmens zur Disposition, wenn für den Unternehmenserfolg entscheidende Personen abwandern. Mittelfristig gefährden derartige Ziele daher nicht nur Startups – auch etablierte Unternehmen machen sich so als Kooperationspartner entsprechend unattraktiv, stellen damit ihr Innovationsziel, das eigentlich den Kern der Kooperationsaktivitäten bilden sollte, in Frage und werden dann zukünftig nur schwer kooperationsbereite, andere Startups finden können.

◘ Tab. 4.3 schlägt daher eine Reihe von passenden Kooperationszielen sowohl für Startups als auch für etablierte Unternehmen vor und kombiniert die unterschiedlichen Ziele mit geeigneten *Kooperationsinstrumenten*. Auf diese Weise wird nicht nur deutlich, wie vielfältig das Kooperationsinstrumentarium ist – gleichzeitig macht dieses Konzept klar, unter welchen Bedingungen diese Instrumente am besten eingesetzt werden können. Wenn Zielkongruenz zwischen beiden Partnern besteht, so ist dies der erste Schritt hin zur erfolgreichen Startup-Corporate-Kooperation.

Zueinander passende Ziele sind jedoch nur ein Aspekt erfolgreicher Kooperation. Startups erwarten in gemeinsamen Projekten vor allen Dingen Empathie und Verständnis für ihre Situation sowie eine Diskussion auf Augenhöhe. Etablierte Unternehmen mit Erfahrung bei derartigen Kooperationen sind sich darüber bewusst, wie wichtig diese Augenhöhe tatsächlich ist. Um erfolgreich eine Kooperation anzubahnen, gilt es nicht nur, dass ein Startup sein etabliertes Gegenüber überzeugt. Genauso müssen etablierte Unternehmen viel Überzeugungsarbeit leisten, um Startups für Kooperationen zu gewinnen [107].

Ebenfalls bedeutsam sind faire und transparente Verträge [60] und der Verzicht auf das Missbrauchen von Macht, die aufgrund der Größenunterschiede unausweichlich entstehen muss. *Machtmissbrauch* durch etablierte Unternehmen in Kooperationen findet sich immer dann, wenn Startups als diejenigen betrachtet werden, die das Innovationsrisiko alleine übernehmen sollen. Auch stellt es einen Machtmissbrauch dar, wenn Kooperationen nur aus dem einzigen Grund begonnen werden, damit das Startup nicht mit einem Wettbewerber des etablierten Unternehmens kooperiert [17] und das gemeinsame Projekt dann verschleppt wird (Verhinderungsstrategie). Das Abwerben von Mitarbeitern aus Startups stellt ebenfalls ein Tabu dar – genauso wie die Übernahme von Ideen durch das etablierte Unternehmen und die Realisierung dieser Ideen in eigener Regie [107].

Viele Startup-Corporate-Kooperationen haben in der Vergangenheit nicht wie intendiert funktioniert. Dies liegt häufig am Fehlen eines unternehmensweiten Plans für die Zusammenarbeit mit jungen Unternehmen [99]. Zwar mag es ein erster Schritt hin

◼ Tab. 4.3 Matching von Zielen etablierter und junger Unternehmen und daraus abgeleitete Kooperationsinstrumente [99]

Ziele etablierter Unternehmen	Ziele von Startups						
	Know-how generieren	Referenzen nutzen	Pilotkunden akquirieren	Ressourcen nutzen	Technologiepartner finden	Wachstum sichern
Unternehmerisches Denken fördern	Teilnahme an Startup-Events	Mentoring	Gemeinsame Konzeptentwicklung	Gemeinsame Trainings	Technologieberatung	Aufsichtsratsmandat
Gesellschaftlichen Beitrag leisten	Schulungen für Gründer	Gemeinsame Messeauftritte	Produkttests durch Experten	Vertriebskooperationen	Lieferung von Sonderfertigungen	Investition in VC-Fonds
Innovationsimpulse setzen	Mitnutzung der Infrastruktur	Technologiegespräche	Prototypen und Konzepte	Gemeinsame Entwicklungsprojekte	Gemeinsame Grundlagenforschung	Joint Ventures
Neue Lieferanten, Kunden und Partner aufbauen	Frühe Innovationsprojekte	Gemeinsame Forschungsprojekte	Pilotprojekte	Lizenzierung von Patenten	Innovations-Outsourcing	Direkte Beteiligung

zu mehr Corporate Entrepreneurship sein, sich den Chancen einer Kooperation auf einer Ad-Hoc-Basis anzunähern und so erste Erfahrungen zu sammeln – grundsätzlich empfehlenswerter ist es jedoch, Startup-Corporate-Kooperationen zum Teil der unternehmensweiten Strategie zu machen. Drei Aspekte sind für eine solche Strategieentwicklung als unerlässliche Mindestbedingung zu bewerten [107]:

1. Etablierte Unternehmen müssen über ein gut strukturiertes Screening des Startup-Ökosystems sicherstellen, dass sie verstehen, welche Trends und Entwicklungen gerade aktuell sind, wodurch sie die Bedürfnisse ihrer potenziellen Kooperationspartner besser verstehen lernen.

2. Es muss klar sein, welchen Wert etablierte Unternehmen in eine Startup-Corporate-Kooperation einbringen wollen und können. Nicht in jedem Fall muss investiert werden, nicht in jedem Fall muss der eigene Marktzugang für Startups zur Verfügung gestellt werden. Klarheit jedoch über das, was geleistet werden kann, ist essentiell, um Kooperationen erfolgreich anzubahnen.

3. Ebenfalls ist es unerlässlich, Klarheit darüber zu schaffen, was genau mit einer Startup-Corporate-Kooperation genau erreicht werden soll. Dazu zählt auch die Beantwortung der grundsätzlichen Frage, ob das Primärziel beispielsweise in der Revitalisierung des eigenen Unternehmens durch das Einbringen der Kreativität und Innovativität von Startups besteht (Outside-In). Oder aber ob die Agilität von Startups eher dazu genutzt werden soll, um Innovationen aus dem etablierten Unternehmen heraus zu unterstützen (Inside-Out), beispielsweise indem Startups technologische Neuentwicklungen, die im etablierten Unternehmen entstanden sind, aber nicht ins Kernportfolio passen, in eigener Regie an den Markt bringen.

Es existiert eine Reihe von *Signalen* [17], die einem jungen Unternehmen bereits zu Beginn einer Kooperation anzeigen, dass der etablierte Partner fähig ist, die Startup-Corporate-Kooperation erfolgreich umzusetzen. Diese Signale sind damit auch gleichzeitig eine Positionierungsempfehlung für den etablieren Part der Kooperation.

- Essentiell ist die Motivation. Es muss von Anfang an deutlich werden, dass das etablierte Unternehmen nicht nur einer möglichen Bedrohung, beispielsweise durch eine neuartige Technologie, begegnen will, sondern dass ein aufrichtiges Interesse an einem konkreten Kooperationsergebnis, beispielsweise in Form einen neuen Produktes, vorliegt.

- Der etablierte Partner sollte sich durch Offenheit auszeichnen, das heißt beispielsweise den Zugang zu Produktions- und/oder Marketingressourcen eröffnen.

- Auch ist es wichtig, dass sich nicht nur das Top-Management auf Seiten des etablierten Partners zu Kooperationen bekennt. Solche Bekenntnisse sind einfach und schnell abgegeben, manchmal sind sie auch nur Teil einer auf Innovativität gerichteten Imagekampagne. Es muss daher deutlich werden, dass auch das mittlere Management, welches am Ende mit der Umsetzung der Startup-Corporate-Kooperation befasst ist, ebenfalls engagiert und von der Zusammenarbeit überzeugt ist.

▬ Ein klar benanntes Team (Task Force) auf Seiten des etablierten Partners zwecks Managements der Kooperation signalisiert die Ernsthaftigkeit des Unterfangens.

▬ Und zuletzt ist es auch wichtig, dass das etablierte Unternehmen willens ist, sich angesichts der unsicheren Situation des Startups schnell zu bewegen und wo immer möglich von starren, vordefinierten Prozessen abzuweichen.

Umgekehrt gilt für Startups, dass sie sich attraktiv für etablierte Kooperationspartner machen, wenn es ihnen gelingt, sich so professionell wie möglich darzustellen. Für ein junges Unternehmen erhöht sich die Wahrscheinlichkeit einer Startup-Corporate-Kooperation, wenn es [93],

▬ bereits neue Produkte vorzeigen kann,

▬ schon relativ weit in der eigenen Entwicklung fortgeschritten ist und somit Legitimität signalisieren kann sowie

▬ seinen Standort so wählt, dass es für etablierte Partner einfach ist, mit ihm in Kontakt zu treten, beispielsweise über die Ansiedlung in einem Technologiecluster.

Gelingt dies, so wird es möglich, die Erwartungs-Praxis-Lücke (◘ Tab. 4.1) zumindest in Ansätzen zu überwinden.

Beispiel: Open Innovation bei den Schweizerischen Bundesbahnen – Innovieren auf Augenhöhe mit einem Großkonzern

Der Innovationsdruck vieler Unternehmen aus traditionellen Branchen hat sich durch die zunehmende Digitalisierung und Vernetzung weiter erhöht. Insbesondere Unternehmen im Endkundengeschäft spüren ein sich kontinuierlich änderndes Kundenverhalten hinsichtlich der Technologie- und Informationsnutzung. Dementsprechend reagierte die *Schweizerische Bundesbahn (SBB)* bereits frühzeitig und entwickelte im Jahr 2013 eine neue, auf Offenheit ausgerichtete Innovationsstrategie. Diese beruht im Wesentlichen auf der Selbsterkenntnis, dass das Unternehmen aufgrund der bestehenden Strukturen und den darunterliegenden Prozessen nicht mehr eigenständig in der Lage ist, gerade digitale Produkte und Dienstleistungen besonders kundenorientiert zu entwickeln und zeitnah am Markt zu platzieren. Folglich entschied man sich, gezielt nach geeigneten Innovations- und Kooperationspartnern zu suchen, mit denen man gemeinsam diese Herausforderung meistern konnte.

Schließlich wurde die *SBB* in der Startup-Branche fündig, da Startups nahe am Markt entwickeln, den Kunden in den Fokus stellen, meistens innovativ sind sowie die Fähigkeit haben, schnell und dynamisch zu operieren. Um die Bedürfnisse von Startups näher zu verstehen, wurde ein gemischtes Team aus ehemaligen Gründern und erfahrenen, im Konzern gut vernetzten Mitarbeitern zusammengestellt, die zunächst Gespräche mit mehreren Startups und anderen Akteuren im Startup-Ökosystem führten. Darauf aufbauend wurden zahlreiche verschiedene Ansätze wie ein Accelerator, ein Corporate-Venture-Capital-Fonds oder ein Kooperationsprogramm „auf Augenhöhe" diskutiert. Letzteres erhielt am Ende den Vorzug, um eine Balance zwischen Ressourceneinsatz und Autonomie der Startups zu schaffen. Dieses Programm hat sich im Wesentlichen zum Ziel gesetzt, Startups einen unkomplizierten und schnellen Zugang zum Leistungsangebot, das heißt zu den Vermögenswerten der SBB zu geben. Darunter fallen u. a. zahlreiche Immobilien, wie die 180 betriebenen Bahnhöfe, Zugriff auf die Daten von drei Millionen Kunden, die Möglichkeit der Ansprache von mehr als einer Million Fahrgästen täglich und die Nutzung der SBB-Marke, die in der ganzen Schweiz für Zuverlässigkeit und Vertrauen steht.

Die größten Hürden für die Konzeption und Einführung des Programms waren zum einen, im Konzern bei den Mitarbeitern Akzeptanz zu schaffen, und zum anderen, die Sichtbarkeit und Attraktivität der SBB in der Startup-Szene zu erhöhen. Dazu bedurfte es der bedingungslosen Zustimmung des Konzernvorstands, der richtigen Kommunikation mit den internen Mitarbeitern der Fachabteilungen, der externen Kommunikation durch einen eigenen „SBB Startup" Auftritt, aber auch der Anpassung interner Strukturen und Prozesse.

Für die Kooperation müssen die Startups eindeutige Kriterien erfüllen, um von dem Kooperationsprogramm profitieren zu können. Dementsprechend sollten sie bereits gegründet und das Produkt beinahe markttauglich sein. Zudem sollte das gewählte Geschäftsmodell eine Kooperation (beispielsweise durch ein sog. Shared-Revenue-Modell) zulassen.

Wenn ein Startup u. a. diese Kriterien erfüllt, wird zunächst ein Testpilot von mehreren Wochen durchgeführt, um ein Vertrauensgefühl auf beiden Seiten zu erzeugen. Sofern die Chemie zwischen beiden Parteien und das erste Marktfeedback stimmen, wird ein formelles Kooperationsprojekt gestartet. Im Zuge der Kooperation erhalten die Startups dann neben dem Zugang zu den Vermögenswerten auch die Möglichkeit, kostenlos Mentoring, Coaching oder falls notwendig Büroflächen von der SBB in Anspruch zu nehmen.

Während sich das Startup hauptsächlich auf die Produkt- und Serviceentwicklung und das Testen am Markt konzentriert, unterstützt die SBB operativ bei der Projektplanung und Koordination, dem Kundenzugang, der internen und externen Kommunikation und der Vermarktung. Durch diese Kooperation können am Ende beide Seiten von der Ressourcenkombination profitieren und gleichzeitig eine Win-win-Situation erzeugen, um am Ende ein effektives und effizientes Innovationergebnis zu schaffen.

> ⬧ **Auf den Punkt gebracht: Startup-Corporate-Kooperation bringen zwei sehr unterschiedliche Unternehmenstypen zusammen, um gemeinsam unternehmerische Innovationsziele zu realisieren. Essentiell für den Erfolg derartiger Kooperationen ist Kongruenz der Ziele. Werden die unterschiedlichen Ziele von Startups und etablierten Unternehmen korrekt miteinander kombiniert, so steht ein umfangreiches Instrumentarium an Kooperationsinstrumenten zur Verfügung, mit dem Kooperationen erfolgreich gestaltet werden können.**

4.2 Kooperation durch Inkubatoren, Company Builder, Akzeleratoren: Startup Unterstützung als strategisches Instrument

Etliche etablierte Unternehmen nutzen *strukturierte Programme*, um verstärkt mit Spinoffs aus dem eigenen Konzern und externen Startups zu arbeiten. Diese stellen folglich ein Instrument des Corporate Venturing da, welches sowohl internes Unternehmertum als auch kooperatives Unternehmertum mit externen Parteien [31] stärkt und weit über reine Investitionen in junge Unternehmen hinaus geht. Die Möglichkeiten sind vielfältig: Es finden sich hier Begrifflichkeiten wie Inkubator, Company Builder oder auch Akzelerator, die in der Praxis oftmals widersprüchlich und nicht überschneidungsfrei verwendet werden. Diesen unterschiedlichen Ansätzen ist jedoch in allen Fällen gemein, dass Ressourcen eines etablierten Unternehmens dazu eingesetzt werden, die Erfolgswahrscheinlichkeit eines Startups deutlich zu erhöhen. Gleichzeitig strebt das etablierte Unternehmen damit eigene strategische und finanzielle Ziele an.

Etablierte Unternehmen fokussieren sich mit derartigen Programmen vor allem auf besonders vielversprechende junge Unternehmen. Man kann also sagen, dass es sich bei den entsprechenden Programmen im Kern um Programme zum Lernen handelt – die etablierten Initiatoren von Inkubatoren, Company Buildern und Akzeleratoren streben vor allen Dingen aus strategischen Gründen danach, von ihren jungen Gegenparts beispielsweise etwas über potenziell disruptive Technologien (▶ Abschn. 1.2) zu erfahren [14].

Inkubatoren (eigentlich ein naturwissenschaftlicher Begriff, umgangssprachlich bekannt als Brutkasten) schaffen einen geschützten Bereich für junge Unternehmen, in welchem sich diese für üblicherweise sechs bis zwölf Monate [32] entwickeln können. Inkubatoren sind ein erfolgreiches Modell zur Entwicklung von Startups, weltweit wird angenommen, dass rund 7000 verschiedene Programme dieser Art existieren [107]. Ursprünglich gedacht als eine Variante entweder der staatlichen Gründungsförderung oder aber des finanziell motivierten Venture Capitals, wird dieses Instrument zunehmend auch von Konzernen aus strategischen Erwägungen eingesetzt.

> **Merke!**
>
> Durch ein **Inkubator-Programm** unterstützen etablierte Unternehmen strategisch motiviert mit ihren Ressourcen junge Unternehmen und schaffen einen geschützten Raum für deren Entwicklung.

Das für den Inkubator verantwortlich zeichnende etablierte Unternehmen stellt oftmals eine signifikante Anschubfinanzierung zur Verfügung, gibt aber auch Infrastruktur zur Nutzung frei, also beispielsweise Büroräume und Kommunikationsmöglichkeiten. Gleichzeitig wird ein Zugang zu Experten und Mentoren (beispielsweise für das Marketing) geschaffen. Kompensiert wird dieses Engagement in der Regel durch eine Minderheitsbeteiligung [37] an Startups – das junge Unternehmen zahlt folglich mit seinen Unternehmensanteilen für die Leistungen des Inkubators. Vielfach wird dieses Instrument als „inside-out" konzipiert, das heißt die Inkubatoren bieten primär Ideen, die bereits im etablierten Unternehmen entstanden sind, die Möglichkeit zur Umsetzung [107]. So lässt sich auch von Ideen profitieren, die möglicherweise nicht perfekt zur Unternehmensstrategie passen, und gleichzeitig wird das Abwandern von unternehmerisch motivierten Angestellten (▶ Abschn. 2.1) im Zuge einer vollkommen eigenständigen Unternehmensgründung verhindert.

Company Builder (wörtlich: Unternehmensbauer) verfolgen einen ähnlichen Ansatz wie Inkubator Programme, sind aber strenger in der Auswahl der verfolgten Projekte. Hier entscheidet nicht das Startup, sondern der Company Builder, welches Projekt überhaupt angegangen wird, und findet dann die geeigneten unternehmerischen Talente, sowohl extern als auch intern, zur Umsetzung [32]. Auch dieser Ansatz hat seinen Ursprung außerhalb der Konzernwelt (beispielsweise *Rocket Internet*), wird aber zunehmend von etablierten Unternehmen wie der *Allianz* oder *Siemens* übernommen.

> **Merke!**
>
> **Company Builder** unter der Führung eines etablierten Unternehmens sind Inkubator-Programme, in denen unternehmerische Talente auf vordefinierte Gründungsprojekte gelenkt werden.

Akzeleratoren (wörtlich: Beschleuniger) sind demgegenüber Programme, die eine analoge Unterstützung wie Inkubatoren oder Company Builder geben, diese aber mit einem strukturierten Entwicklungsprogramm (Curriculum) für einen sehr kurzen Zeitraum versehen (meist zwischen drei und sechs Monaten) [32]. Auch hier werden für junge Unternehmen interessante Experten und Mentoren eingebunden. Die Initiatoren des Akzelerator-Programms wählen die aus ihrer Sicht besten Startups aus und unterstützen und beschleunigen den Gründungsprozess über die reine Investition von finanziellen Mitteln hinaus durch das Bereitstellen von Dienstleistungen wie Büroraum, Weiterbildung und Gelegenheiten zum Netzwerken [37]. Die oftmals nur geringen Investitionen der etablierten Unternehmen sind dabei durchaus als ein Vorteil zu verstehen – da sich das Investitionsvolumen in einer zu vernachlässigenden Größenordnung bewegt, können etablierte Unternehmen zügiger agieren und damit leichter der Schnelligkeit und Agilität ihrer Startup-Partner folgen [107]. Die Programme zeichnen sich weiterhin aus durch [43]

- einen für jeden offenen Bewerbungsprozess,
- einen Fokus auf Teams und weniger auf einzelne Unternehmensgründer sowie
- Kohorten von betreuten Startups und weniger einen Fokus auf einzelne Unternehmen.

> **Merke!**
>
> Ein **Akzelerator-Programm** wird von etablierten Unternehmen eingesetzt, um Startups mit typischerweise geringen finanziellen Beträgen und einem strukturierten Betreuungsprozess zügig fortzuentwickeln.

Von etablierten Unternehmen betriebene Akzeleratoren werden verstärkt seit dem Jahr 2010 aufgestellt; sie sind zwischenzeitlich zu einem globalen Phänomen geworden und werden von nahezu allen großen Unternehmen erprobt. Diese Initiativen sind nicht allein auf Technologie-Branchen beschränkt – auch Versicherungsunternehmen, Konsumgüterhersteller oder Unternehmen der Unterhaltungsindustrie streben danach, durch Akzelerator-Programme das Beste aus der Konzernwelt mit dem Besten aus der Startup-Welt zu kombinieren [43]. Dabei wäre eine simple Unterscheidung nach strategisch und finanziell motivierten Akzelerator-Programmen zu vereinfachend – gerade im strategischen Bereich gibt es deutliche Unterschiede, was konkret ein etabliertes Unternehmen mit einem derartigen Programm zu erreichen anstrebt. *Strategische Ziele* können sein ([37] bzw. [43])

- der Aufbau von Wissen über aktuelle Marktentwicklungen, Trends und Technologien,
- die Entwicklung und Integration neuer Produkte und Services,
- die Evaluation potenziell disruptiver Produkte und Services,
- das Gewinnen und Halten von unternehmerischen Talenten,
- das Übertragen von „Gründergeist", also ein kreatives, flexibles und agiles Denken und Handeln, von Startups in das etablierte Unternehmen,
- die Schaffung eines innovativen und kreativen Images, welches für die positive Außendarstellung des etablierten Unternehmens genutzt werden kann.

Kanbach und Stubner [37] finden daher vier typische Ausprägungen von Akzelerator-Programmen (◘ Tab. 4.4), die sich vor allen Dingen nach dem übergeordneten Ziel der Initiative unterscheiden. Diese Ausprägungen werden als Listening Post, Value Chain Investor, Test Laboratory und Unicorn Hunter etikettiert.

1. Der *Listening Post* ist strategisch motiviert und verzichtet auf eine finanzielle Beteiligung an den unterstützten Startups. Seine Funktion ist vielmehr Teil der strategischen Frühaufklärung. Er ist daher extern ausgerichtet und strebt danach, aktuelle Trends und Entwicklungen in einem bestimmten Markt zu verstehen und über das Akzelerator-Programm erste Beziehungen zu denjenigen Akteuren im Markt aufzubauen, die diese Entwicklungen vorantreiben.

2. Der *Value Chain Investor* hat demgegenüber konkretere strategische Ziele – hier geht es nicht um allgemeine (technologische) Trends, sondern darum, insbesondere diejenigen Innovationen zu identifizieren, die vollständig oder in Teilen die Wertschöpfungskette des etablierten Unternehmens positiv prägen können. Über

☒ Tab. 4.4 Typologie von Corporate Akzelerator-Programmen. (Nach Kanbach und Stubner [37])

Typ		Listening Post	Value Chain Investor	Test Laboratory	Unicorn Hunter
Ziel		Strategisch	Strategisch	Strategisch	Finanziell
Ausrichtung	Ursprung der Opportunität	Extern	Extern	Intern/extern	Extern
	Strategische Logik	Exploration	Exploration	Exploration	Exploitation
	Industriefokus	Leichter Bezug zur Mutter	Starker Bezug zur Mutter	Schwacher Bezug zur Mutter	Breite Branchenstreuung
	Beteiligung	Nein	Ja	Ja	Ja
	Phase	Early und Later Stage	Later Stage	Early Stage	Early und Later Stage
Organisation	Externe Partner	Nein	Teilweise	Nein	Teilweise
	Beziehung zur Mutter	Teil der Mutter	Teil der Mutter	Rechtlich selbständige Einheit	Rechtlich selbständige Einheit
	Führungserfahrung	Intern/extern	Intern/extern	Intern	Extern

das Akzelerator-Programm werden also neue Produkte und Dienstleistungen identifiziert, entwickelt und vor allen Dingen schlussendlich auch in die Wertschöpfungskette integriert.

3. Mit dem *Test Laboratory* wird danach gestrebt, einen geschützten Erprobungsraum für vielversprechende interne und externe Geschäftsideen einzurichten. Das Test Laboratory erwartet also konkretere Projekte als der reine Listening Post, gibt aber mehr strategische Freiheit als der Value Chain Investor. Gerade diese Akzelerator-Variante ist auch auf Intrapreneure ausgerichtet, und kann dabei helfen, eine der Hauptschwierigkeiten von Intrapreneuren (▶ Abschn. 2.2) zu adressieren: Die Existenz von Widerständen und ihre oftmals nicht vorhandene Weisungsbefugnis, die den Fortgang von unternehmerischen Initiativen verlangsamt [42].

4. Die letzte Variante findet sich mit dem *Unicorn Hunter*, das heißt Akzelerator-Programmen, die aus einer rein finanziellen Motivation heraus darauf abzielen, an den besten und wachstumsstärksten Startups beteiligt zu sein (sog. Unicorns mit entsprechend großer Unternehmensbewertung). Ziel ist hier weniger die Innovation als vielmehr das Erwirtschaften eines exorbitanten Gewinns.

Merke!

Ein **Unicorn** ist ein Startup, dessen Unternehmenswert mehr als eine Milliarde US-Dollar beträgt.

Diese Systematik von Akzelerator-Programmen ist insofern bedeutsam, als sie dazu dienen kann, die Aktivitäten klar auszurichten und unter ein eindeutiges, übergeordnetes Ziel zu stellen. Solche Ziele sind ein kritischer Erfolgsfaktor [37], genauso wie die Unterstützung des Programms durch das Top-Management-Team, die Langfristigkeit der Bemühungen und die Prämisse, das Programm nicht egoistisch [60], sondern auf eine konkrete Wertschöpfung bei Startups auszurichten.

Eine konkrete Wertschöpfung für Startups lässt sich erreichen, wenn bei der Gestaltung des Programms die Bedürfnisse und Erwartungen junger Unternehmen berücksichtigt werden. Startups streben über die Beteiligung an einem Akzelerator-Programm primär danach [43],

▬ Zugang zu den Ressourcen etablierter Unternehmen zu erhalten,
▬ ihre Glaubwürdigkeit und Legitimität zu erhöhen,
▬ einen einfacheren Marktzugang zu erhalten und
▬ schlussendlich auch mit ihrem Vorhaben finanziert zu werden.

Zur Ausrichtung des Programms an den Bedürfnissen von Startups gehört dann auch, trotz Angebot eines strukturierten Programms, dieses so flexibel wie möglich für die Teilnehmer zu gestalten – beispielsweise durch das Bereitstellen eines Kerncurriculums, welches mit vielen freiwilligen anderen Angeboten ergänzt wird, auf die Startups nach ihren Bedürfnissen zugreifen können.

❯ **Auf den Punkt gebracht:** Mit strukturieren Programmen können etablierte Unternehmen von Startups lernen. Dazu zählen Inkubatoren, Company Builder und Akzeleratoren. In der Regel sind alle diese Programme strategisch motiviert und unterscheiden sich hauptsächlich durch das Ausmaß des zeitlichen und finanziellen Engagements sowie die Strenge oder Offenheit, mit der auf einen bestimmten Startup-Typ abgezielt wird. Gerade Akzelerator-Programme bergen dann Erfolgspotenzial, wenn sie sich deutlich an den Bedürfnissen von Startups ausrichten.

4.3 Kooperation durch Investition: Mit Corporate-Venture-Capital von Startups profitieren

Während Akzelerator-Programme ein vergleichsweise junges Instrument zur Umsetzung von Corporate Entrepreneurship sind, existiert mit der strukturierten und regelmäßigen Investition über das sogenannte *Corporate-Venture-Capital* schon länger ein beliebtes und bewährtes Instrument [32], mit dem sich etablierte Unternehmen an Startups annähern können. Das Beispiel der BASF Venture Capital GmbH, einer der in Deutschland am längsten aktiven Corporate-Venture-Capital-Gesellschaften, zeigt, wie ein Weltkonzern von Investitionen in Startups profitieren kann.

Beispiel: Corporate-Venture-Capital – Wie BASF in die Zukunftsfähigkeit investiert

Mit weltweit insgesamt 1,88 Mrd. Euro an Aufwendungen für Forschung und Entwicklung (F&E) sowie über 1200 Patentanmeldungen alleine im Geschäftsjahr 2014, stellt die BASF SE (ehemals „Badische Anilin- & Soda-Fabrik") kontinuierlich ihre Innovationskraft unter Beweis. Interne F&E-Abteilungen unterliegen jedoch prozessualen sowie ressourcenbezogenen Limitationen, weshalb eine zunehmende Fokussierung auf extern generierte Innovationen mittels Lizenzierungsverfahren, vollständiger Integration von Unternehmen oder durch Beteiligungen an jungen sowie technologieorientierten Startup-Unternehmen zu beobachten ist. Neben BASF versuchen daher Großkonzerne und Mittelständler weltweit, durch das Bereitstellen von Wagniskapital für aufstrebende und technologieorientierte Startups, die Innovationsstrategie der Konzernmütter zu stützen sowie weitere strategische Ziele zu verfolgen.

Bereits im Jahre 1998 folgte die Geschäftsführung des Chemiekonzerns daher dem Vorbild US-amerikanischer Technologieführer wie Intel, UPS oder AT&T und etablierte einen Innovationsfond innerhalb der Konzernstrukturen, um aussichtsreiche Startups bei der Gründung finanziell und mit Management Know-how zu unterstützen. Vorrangiges Ziel war es, durch gezielte Investitionen Arbeitsplätze rund um die deutschen BASF-Standorte abzusichern. Der mit einem Startkapital von knapp 20 Mio. DM ausgestattete Fond investierte über den Zeitraum von sechs Jahren in insgesamt 15 innovative Geschäftsmodelle, ehe er im Jahre 2004 eingestellt wurde. Als offizieller Nachfolger wurde bereits drei Jahre zuvor eine eigenständige Corporate-Venture-Capital-Gesellschaft, die BASF Venture Capital GmbH mit Sitz in Ludwigshafen und einem Kapital von 150 Mio. Euro auf den Weg gebracht. Seither arbeitet ein 13-köpfiges Team an fünf Standorten auf drei Kontinenten daran, chemiebasierten Technologien zum Durchbruch zu verhelfen, um so die operativen und strategischen Interessen der BASF-Gruppe mit den innovativen Technologien junger Unternehmen zu verbinden. Dadurch gelingt es BASF, nicht nur existierende Geschäftsfelder (u. a. Cleantech sowie Bio- und Nanotechnologie) auszubauen, sondern durch das sich ergebene „Window on Technology" neue und strategisch relevante Technologien und Märkte zu identifizieren.

So konnten beispielsweise durch die Investition in Advanced BioNutrition, ein US-amerikanisches Startup, welches sich der Herstellung nachhaltig produzierter Fettsäuren für die Aufzucht von Fischen verschrieben hat, erste Einblicke in zukunftsträchtige und gesunde Lösungsmöglichkeiten im Bereich der Aquakultur gewonnen werden. Erfahrungen, von denen hauptsächlich die BASF-Bereiche „Consumer Goods" und „Health & Nutrition", die inhaltlich eng mit der Entwicklung funktioneller Lebensmittel verknüpft sind, profitieren.

Durch die gezielte Streuung der Investitionen können darüber hinaus weitere Vorteile, wie der bessere Zugang zu neuen Zulieferern oder Kundengruppen, realisiert werden. Auch die Möglichkeit, die betreuten Portfoliounternehmen nach gelungener Zusammenarbeit vollständig in den Konzern zu integrieren, wird von BASF verfolgt. Im Gegenzug profitieren die Portfoliounternehmen vom Zugang zu internen und externen Ressourcen der BASF-Gruppe. Dadurch wird die (Weiter)Entwicklung der innovativen Technologien vorangetrieben, womit eine Verkürzung der „Time to Market" einhergeht.

Im Falle einer Veräußerung der Unternehmensanteile erwartet BASF jedoch eine risikoadäquate Rendite. Als Vermittler zwischen der Startup-Welt auf der einen Seite sowie der Konzern-Welt auf der anderen gelingt es der BASF Venture Capital GmbH somit, die Zukunftsfähigkeit ihres Mutterkonzerns auf ein nachhaltiges Fundament zu stellen.

Corporate-Venture-Capital ist inspiriert von den Aktivitäten unabhängiger Venture-Capital-Gesellschaften, die aus rein finanziellen Erwägungen heraus Fonds auflegen, die dann in die spezielle Asset-Klasse junger Unternehmen investiert werden [46]. Die *Theorie der Finanzintermediation* [18] legt nahe, dass solche speziellen Investorentypen existieren können, da sie sich durch überlegene Monitoringfähigkeiten auszeichnen, im Kern also ihr besonderes Investitionsobjekt besser verstehen als ihre Fondsinvestoren (beispielsweise Pensionsfonds). Corporate-Venture-Capital wird dann in der Regel von etablierten Unternehmen im Zuge ihrer Corporate-Entrepreneurship-Strategie als separate Einheit organisiert, die wiederum näher am Investitionsobjekt junges Unternehmen agieren kann und so besser und zielführender handelt, als es der Mutterkonzern, beispielsweise über ad hoc durchgeführte Direktinvestitionen, tun könnte.

Unter Corporate-Venture-Capital ist demzufolge zu verstehen [27] die „zeitlich begrenzte Kapitalbeteiligung mittels Bereitstellung von Eigenkapital oder diesem ähnlichen Mitteln und Managementwissen oder sonstiger Unterstützung an junge, technologisch orientierte nicht börsennotierte KMU [das heißt kleine und mittlere Unternehmen, A.K.] durch etablierte Industrieunternehmen, die neben finanziellen auch strategische Motive für das Engagement haben." Im Gegensatz zum unabhängigen Venture-Capital ist Corporate-Venture-Capital also Beteiligungskapital, das interessanten jungen Unternehmen von *etablierten Unternehmen* zur Verfügung gestellt wird – dies aber nicht nur mit dem finanziellen Ziel der Erwirtschaftung von Überrenditen, sondern auch aus strategischem Interesse an den Aktivitäten von Startups.

Merke!

Corporate-Venture-Capital wird aus strategischen und finanziellen Gründen – meist über eine separate Einheit – von etablierten Unternehmen in junge Unternehmen mit Potenzial investiert.

Das Ausmaß des Engagements etablierter Unternehmen bezüglich der Investition in junge Unternehmen wird oftmals unterschätzt – so investieren viele Konzerne als ersten Schritt, um sich der Thematik anzunähern, erst einmal in die Fonds unabhängiger Venture-Capital-Gesellschaften. Dieses finanzielle Engagement ist schwer direkt zu beobachten und so bleibt ein substanzieller Teil des Investitionsvolumens im Verborgenen [18]. Dennoch bewegt sich dieses Investitionsvolumen erfahrungsgemäß in einer nicht zu vernachlässigenden, bedeutsamen Größenordnung [107].

Um jedoch auch strategische Vorteile zu generieren, kann die Investitionsaktivität nicht an Intermediäre ausgegliedert werden – Investitionsaktivitäten unter eigener Regie sind dann essentiell. Üblicherweise erfolgen diese in einer *separaten Gesellschaft*, da dies mit einer Reihe von Vorteilen einhergeht. Zu diesen Vorzügen zählen

- eine einfachere, isolierte Bewertung des Investitionsportfolios,
- eine einfachere Mittelverteilung über die klare Entscheidung, mit welchem Volumen die Gesellschaft ausgestattet sein soll sowie
- die Möglichkeit, das Management der Gesellschaft autonom über Investitionsmöglichkeiten entscheiden zu lassen.

Während unabhängige Venture-Capital-Gesellschaften ihre Investitionsmittel von den unterschiedlichsten Quellen einwerben müssen [67] und hier in einem harten Wettbewerb stehen, stellt beim Corporate-Venture-Capital in der Regel die Konzernmutter die Mittel zur Verfügung. Damit ist es zwar einfacher, an derartige Mittel zu gelangen [51], dennoch stellt die erfolgreiche Etablierung einer Corporate-Venture-Capital Gesellschaft oftmals eine große Herausforderung dar. Als Intermediär zwischen Konzern und jungen, agilen Unternehmen sind Corporate-Venture-Capital-Gesellschaften häufig *„stuck in the middle"*: Agiert eine Corporate-Venture-Capital-Gesellschaft im Management und im Geschäftsgebaren wie der Mutterkonzern, so stellt sie sich wenig überzeugend jungen Unternehmen gegenüber dar – agiert sie eher wie eine unabhängige Venture-Capital-Gesellschaft und geht damit auf die Erwartungen von Startups ein, so entsteht schnell ein kultureller Bruch mit dem Mutterkonzern [102].

Diese Problematik ist mit ein Grund dafür, dass sich in der historischen Rückschau das Corporate-Venture-Capital-Geschäft als außerordentlich zyklisch erwiesen hat. Generell lassen sich Venture-Capital-Investitionen etwa seit den 1940er-Jahren in den USA beobachten [56]; Corporate-Venture-Capital fand demgegenüber seinen ersten Höhepunkt in den 1960er und 1970er-Jahren, als jedes vierte *Fortune500* Unternehmen in diesem Feld engagiert war. Als sich am „Schwarzen Montag" im Oktober 1987 für längere Zeit das Fenster für Börsengänge junger Unternehmen schloss, wurden auch viele Corporate-Venture-Capital-Programme eingestellt. Mit dem Aufschwung der 1990er-Jahre folgte eine Renaissance dieser Aktivitäten, die durch den Crash der New Economy wiederum ein Ende fanden [45]. Seit etwa 2005 lässt sich nun wieder eine neue Welle von Corporate-Venture-Capital beobachten [92] – aktuell ist also die dritte Generation von Corporate-Venture Capital-Gesellschaften aktiv.

Diese *Zyklizität* ist kritisch zu bewerten – Corporate-Venture-Capital muss „geduldiges Geld" [78] sein, um sich positiv auswirken zu können. Fehlendes langfristiges Engagement und ein fehlgeleiteter reiner Fokus auf Renditeziele stehen dem oftmals entgegen. Es muss jedoch klar sein, dass Corporate-Venture-Capital seine Rendite nicht nur direkt aus Kapitalgewinnen bei der Veräußerung von Beteiligungen erzielt, sondern eben auch indirekt durch das Heben strategischer Vorteile aus der Zusammenarbeit mit innovativen jungen Unternehmen. Diese strategischen Vorteile überwiegen – selbst wenn sich natürlich interessante Überrenditen erwirtschaften lassen. So hat *Xerox* als eines der ersten US-Corporate-Venture-Capital-Programme aus ursprünglichen 30 Mio. US-Dollar in einem überschaubaren Zeitraum rund 219 Mio. US-Dollar generieren können.

Corporate-Venture-Capital ist aber nicht nur potenziell attraktiv für etablierte Unternehmen – junge Unternehmen können hiervon ebenfalls über die rein finanzielle Dimension profitieren. Dadurch, dass Corporate-Venture-Capital-Gesellschaften neben der Finanzierungsfunktion auch Beratungs- und Unterstützungsleistungen bieten, entsteht ein Angebot, dass in dieser Form kein anderer Gründungsfinanzierer, auch keine unabhängige Venture-Capital-Gesellschaft, bieten kann [10]. Von einer Corporate-Venture-Capital-Gesellschaft unterstützt zu werden, bietet jungen Unternehmen nachstehende *Vorteile* jenseits der investierten Mittel.

1. Ein junges Unternehmen, dem es naturgemäß noch an Reputation und Legitimität [64] mangelt, kann vom *Image* des Mutterkonzernes profitieren. Wird beispielsweise ein IT-Startup von *GV* unterstützt, der Corporate-Venture-Capital-Gesellschaft von *Google*, so signalisiert dieses Investment eindeutig die Ernsthaftigkeit und Professionalität des Unterfangens.

2. Ebenso mangelt es jungen Unternehmen häufig am *Marktzugang* – die etablierten Vertriebskanäle eines Konzerns können hier außerordentlich hilfreich sein. Manches Mal ist es schon ausreichend, wenn der Konzern zum Kunden des jungen Unternehmens wird [45], um diesem einen signifikanten Wachstumsschub zu verschaffen.

3. Die bestehenden *Netzwerke* etablierter Unternehmen zu Unternehmenspartnern, Forschungsreinrichtungen, Universitäten, etc. sind ebenfalls von entsprechendem Interesse für ein junges Unternehmen und können leicht über ein Corporate-Venture-Capital-Investment eingebracht werden.

4. Auch zeichnet sich ein etabliertes Unternehmen durch sehr gute *Kenntnisse* der Branchen aus, in denen es aktiv ist, und hat in der Regel exzellente Einsichten über im Markt vorherrschende Bedürfnisse. Dieses Wissen muss in jungen Unterneh-

men erst mühsam über die Zeit aufgebaut werden; der Prozess der Aneignung von Branchen- und Marktverständnis kann sich über ein Corporate-Venture-Capital-Investment deutlich beschleunigen.

5. Und nicht zuletzt können etablierte Unternehmen *administrative Ressourcen* einbringen, die es erlauben, ein junges Unternehmen im Tagesgeschäft zu entlasten und so die Möglichkeit bieten, sich auf die eigentliche Wertschöpfung zu konzentrieren.

Etablierte Unternehmen machen dies möglich, da sie mit ihrem Engagement über die klassischen, finanziellen Ziele einer Venture-Capital-Gesellschaft hinaus zwei weitere Ziele verfolgen: soziale/imagewirksame Ziele sowie strategische Ziele [31].

1. Als *finanzielles Ziel* steht sicherlich die hohe Verzinsung des eingesetzten Kapitals im Vordergrund. Auch wenn Investitionen in junge Unternehmen selbstredend stark risikobehaftet sind, so kann dennoch durch den Aufbau eines ausgewogenen Portfolios solcher Corporate-Venture-Capital-Investitionen eine interessante Rendite erwirtschaftet werden.

2. Etablierte Unternehmen können über ihre Corporate-Venture-Capital-Gesellschaften leicht ein unternehmerisches und innovationsorientiertes Außenbild auf der Höhe der Zeit kreieren. Die daraus folgende Reputation verbessert das Image bei Mitarbeitern, Kunden, Lieferanten und generell auch in der Öffentlichkeit. Gleichzeitig kann Corporate-Venture-Capital auch als ein Instrument der Förderung und Unterstützung der regionalen Wirtschaft verstanden werden, durch die das etablierte Unternehmen dazu beiträgt, ein unternehmerisches Ökosystem [6] entstehen zu lassen. Man erreicht folglich *soziale und imagewirksame Ziele*.

3. Das größte Potenzial liegt jedoch in der Verfolgung *strategischer Ziele*. Über Corporate-Venture-Capital lassen sich zum einen vielversprechende Technologien beobachten und etablierte Unternehmen erhalten einen Zugang zu Technologieexperten mit Kompetenzen, die möglicherweise im eigenen F&E-Bereich nicht vorhanden sind. Auch fördern Investitionen in junge Unternehmen potenziell das weitere Wachstum: Es entstehen Akquisitionsmöglichkeiten, Wissen über neue Märkte wird aufgebaut und das aktuelle Angebotssortiment potenziell erweitert. Weiterhin kann der Unternehmergeist intern gestärkt und in die richtige Richtung gelenkt werden. Gerade Intrapreneure zeichnen sich durch eine erhöhte Gründungsneigung aus [9], das heißt sie zeigen eine hohe Wahrscheinlichkeit, ein Angestelltenverhältnis zu verlassen, um eigene Ziele zu verfolgen. Corporate-Venture-Capital ist dann ein geeignetes Instrument, um unternehmerischen Angestellten einen Kanal für ihre Ambitionen zu geben und gleichzeitig ihr Potenzial an das Mutterunternehmen zu binden, indem auch in Unternehmensgründungen mit internem Ursprung investiert wird.

Trotz dieser offenkundig attraktiven Optionen gelingt es Corporate-Venture-Capital-Gesellschaften oftmals nicht, diese Ziele zu erreichen. Häufig werden diese Programme nur im konjunkturellen Aufschwung positiv gesehen und fallen in der Rezession dem dann vorherrschenden Effizienzstreben zum Opfer. Auch ist vielfach keine klare Mission und Ausrichtung beobachtbar [92], was insbesondere das Heben strategischer Vorteile schwierig macht.

Gerade geeignete *Investmentmanager* für eine Corporate-Venture-Capital-Gesellschaft zu finden, bereitet vor allen Dingen am Anfang entsprechende Schwierigkeiten. Diese Manager benötigen unternehmerische Erfahrung (oder Erfahrung als Investoren), um glaubwürdig jungen Unternehmen gegenüber auftreten zu können. Gleichzeitig sollten sie auch auf entsprechende Konzernerfahrung verweisen können, um die Interessen der Corporate-Venture-Capital-Gesellschaft innerhalb des Mutterunternehmens gut vertreten zu können.

Diese Kombination ist ausgesprochen selten – die Situation verschärft sich dann häufig auch dadurch, dass mit solchen Investmentmanagern im Grunde ähnliche Vergütungsschemata vereinbart werden müssten wie mit ihrem Gegenpart in unabhängigen Venture-Capital-Gesellschaften. Dies stößt oftmals jedoch auf Widerstand [18]; gerade eine erfolgsabhängige Vergütung kann angesichts des enormen Aufwärtspotenzials von Startup-Investitionen leicht zu Konflikten mit Managern gleichen Rangs im Konzern führen. In der Konsequenz finden sich dann vielfach auf diesen Positionen Konzernmanager, die beinahe zwangsläufig scheitern müssen. Sind sie jedoch erfolgreich, bauen sie einen Track Record auf, der das Abwandern zu unabhängigen Venture-Capital-Gesellschaften mit entsprechend attraktiven Vergütungsangeboten möglich macht.

Wie kann also vor diesem Hintergrund ein Corporate-Venture-Capital-Programm erfolgreich gemacht werden? Prinzipiell hängt der *Erfolg* eines solchen Programmes von zwei zentralen Aspekten ab: Wie das Programm strukturell organisiert wird und in welche jungen Unternehmen investiert wird. Wird dies beachtet, so muss ein Corporate-Venture-Capital-Programm keine schlechteren Ergebnisse als eine unabhängige Venture-Capital-Gesellschaft erzielen [30].

Strukturell ist vor allen Dingen das *Zielsystem* von Corporate-Venture-Capital-Aktivitäten entscheidend. Generell ist der Nutzen solcher Programme hoch, wenn das Hauptziel im Zugang zu neuen Technologien liegt – wenn also nicht der finanzielle Profit im Vordergrund steht, sondern strategische Erwägungen. Dennoch: Auch wenn insbesondere strategisch motivierte Corporate-Venture-Capital-Gesellschaften zum Zeitpunkt der Investition gerade monetär durch geringere Bewertungen der jungen Unternehmen zu profitieren scheinen [92], so besteht dennoch immer die Gefahr, durch den rein strategischen Fokus im Endeffekt potenziell finanziell unsinnige Beteiligungen einzugehen.

Genauso scheint jedoch ein reiner Fokus auf finanzielle Ziele unsinnig. Dieser birgt das Risiko, potenzielle Synergien von Mutterkonzern und jungem Unternehmen zu vernachlässigen und ist gleichzeitig tendenziell ineffizient, da eine unabhängige Venture-Capital-Gesellschaft die Funktion des Intermediäres immer besser ausfüllen kann. Es ist also ein *zweidimensionales Zielsystem* zu bevorzugen, welches strategischen und finanziellen Fokus miteinander austariert und die Priorität auf die strategischen Vorteile setzt. Damit erreicht die Corporate-Venture-Capital-Gesellschaft ihr wesentliches Ziel und hat durch die Berücksichtigung finanzieller Aspekte ein verlässliches Korrektiv.

Weiterhin ist es entscheidend, den Fokus auf die richtigen Investmentmanager zu richten, und die Corporate-Venture-Capital-Gesellschaft gerade nicht als eine Einheit zu betrachten, in der sich verhältnismäßig junge Konzernmanager für höhere Aufgaben im Konzern bewähren und empfehlen können. Angemessen incentivierte Investmentmanager mit Erfahrung als Unternehmer und/oder Investor sind hier zu bevorzugen. Genauso wichtig ist es, die strukturelle Unabhängigkeit der Corporate-Venture-Capital-Gesellschaft sicherzustellen (▶ Abschn. 1.3) und deren Organisation möglichst nach dem Vorbild unabhängiger Gesellschaften zu modellieren.

Im Hinblick auf die konkreten *Investitionsentscheidungen* greifen zuallererst die Kriterien, nach denen sich auch unabhängige Venture-Capital-Gesellschaften richten. Diese fokussieren auf [46] junge Unternehmen, die ihren Kunden ein einzigartiges Angebot unterbreiten können, dabei in grundsätzlich großen, stark wachsenden Märkten aktiv sind, und deren Geschäftsmodell von einer Unternehmerpersönlichkeit bzw. einem Team umgesetzt wird, das durch Erfahrung und Kompetenz glaubhaft machen kann, dass der Erfolg wahrscheinlich ist. Für Corporate-Venture-Capital-Gesellschaften gilt weiterhin, dass insbesondere Investitionen unternommen werden sollten, bei denen [100],

- das endgültige Geschäftsmodell des jungen Unternehmens sich bewährt hat und keine weiteren Anpassungen benötigt werden,
- die Entwicklung so weit fortgeschritten ist, dass sich das Tagesgeschäft auf die effiziente Befriedigung von Kundenbedürfnissen richten kann,
- sich eine Unternehmenskultur entwickelt hat, die mit der Mutter der Corporate-Venture-Capital-Gesellschaft zumindest verwandt ist, sodass eine spätere Integration [62] als Option nicht komplett ausgeschlossen ist,
- die Führungskräfte des jungen Unternehmens klassisches Management verinnerlicht haben und möglicherweise sogar auf Konzernerfahrung verweisen können, sodass die kulturelle Kluft zwischen Mutterkonzern und jungem Unternehmen nicht zu groß ist sowie
- die Unternehmensentwicklung derart weit gediehen ist, dass die Systeme des jungen Unternehmens ein Abwandern von Führungskräften und Unternehmensgründern nach der möglichen Integration des Startups in den Konzern aushalten können.

⬕ **Auf den Punkt gebracht:** Corporate-Venture-Capital-Gesellschaften investieren im Auftrag ihrer Muttergesellschaften in junge Unternehmen. Dies geschieht nicht allein aus finanziellen Erwägungen heraus, sondern vor allem aus strategischen Gründen. Dazu können zählen die Beobachtung von vielversprechenden Technologien, das Generieren von Wachstumsoptionen oder auch das Schaffen von mehr Gründergeist im etablierten Unternehmen. Der Erfolg dieser Aktivitäten hängt ab von einem geeigneten zweidimensionalen Zielsystem, der Beschäftigung der richtigen Investmentmanager und einer Organisation der Corporate-Venture-Capital-Gesellschaft, die Spielräume für freie Entscheidungen liefert. Gelingt dies, so können etablierte Unternehmen erfolgreich von jungen Unternehmen lernen und auch monetär von deren Erfolg profitieren.

4.4 Lern-Kontrolle

Kurz und bündig

Kooperationen von jungen und etablierten Unternehmen (Startup-Corporate-Kooperationen) können über einen Vielzahl verschiedener Instrumente realisiert werden. Trotz aller Herausforderungen bergen derartige Kooperationen das Potenzial in sich, das Beste aus zwei unterschiedlichen Welten zusammenzubringen. Startups überzeugen in diesem Zusammenhang durch Innovativität und Flexibilität, etablierte Unternehmen durch ihre umfangreichen Ressourcen. Neben bilateralen Kooperationen, die auf eine gemeinsame Angebotsentwicklung ausgerichtet sind, besteht auch die Möglichkeit, mit strukturieren Programmen (Inkubatoren, Company Buildern, Akzeleratoren) als etabliertes Unternehmen von Startups strategisch zu lernen. Ebenfalls kann die strategisch motivierte Investition in junge Unternehmen über eine Corporate-Venture-Capital-Gesellschaft als Kooperationsinstrument verstanden werden, das es etablierten Unternehmen ermöglicht, interessante Technologien zu identifizieren und zu beobachten, Wachstumsoptionen bei beiden Partnern zu schaffen und dem etablierten Unternehmen mehr Unternehmergeist einzuhauchen.

❓ Let's check

1. Aus welchen Gründen gehen etablierte Unternehmen eine Kooperation mit einem Startup ein? Aus welchen Gründen ist dies umgekehrt für Startups interessant? Wie lassen sich die unterschiedlichen Ziele der beiden potenziellen Kooperationspartner aufeinander abstimmen?
2. Welche Typen von Akzelerator-Programmen können etablierte Unternehmen aufsetzen?
3. Welche Vorteile für ein junges Unternehmen hat die Investition einer Corporate-Venture-Capital-Gesellschaft abseits der finanziellen Dimension?

❓ Vernetzende Aufgaben

1. Für wie sinnvoll halten Sie Kooperationen von jungen und etablierten Unternehmen? Was überwiegt nach Ihrer Einschätzung – Risiko oder Chance?
2. Identifizieren Sie aktuelle Akzelerator-Programme etablierter Unternehmen über eine Webrecherche. Wie unterscheiden sich diese Programme im Hinblick auf anvisierte Teilnehmer, Struktur des Angebots und Motivation des Anbieters?

3. Lesen Sie noch einmal die Fallstudie zur BASF Venture Capital GmbH in ▶ Abschn. 4.3. Schauen Sie sich das aktuelle Beteiligungsportfolio auf der Website dieser Corporate-Venture-Capital-Gesellschaft an. Können Sie die Investitionsstrategie des Unternehmens nachvollziehen?

Lesen und Vertiefen

– Allmendinger, M. & Kuckertz, A. (2016): Das Zusammenspiel von Corporate Entrepreneurship und Open Innovation. Eine strukturierte Literaturanalyse. *Zeitschrift für KMU und Entrepreneurship* 64(2), 129–148.

– Kanbach, D., & Stubner, S. (2016). Corporate accelerators as recent form of startup engagement: the what, the why, and the how. *Journal of Applied Business Research* 32(6), 1761–1776.

– Kuckertz, A., & Allmendinger, M. (2017). Den „Generationenkonflikt" durch richtige Kooperation überwinden – was Startups von Großunternehmen erwarten. *Hohenheim Entrepreneurship Research Brief*, 1. Stuttgart: Universität Hohenheim.

Serviceteil

Überblick über die Fallstudien und deren Verfasser – 103

Glossar – 105

Literatur – 107

Der Abschnitt „Tipps fürs Studium und fürs Lernen" wurde von Andrea Hüttmann verfasst.

© Springer Fachmedien Wiesbaden GmbH 2017
A. Kuckertz, *Management: Corporate Entrepreneurship,* Studienwissen kompakt,
https://doi.org/10.1007/978-3-658-13066-4

Tipps fürs Studium und fürs Lernen

- **Studieren Sie!**
Studieren erfordert ein anderes Lernen, als Sie es aus der Schule kennen. Studieren bedeutet, in Materie abzutauchen, sich intensiv mit Sachverhalten auseinanderzusetzen, Dinge in der Tiefe zu durchdringen. Studieren bedeutet auch, Eigeninitiative zu übernehmen, selbstständig zu arbeiten, sich autonom Ziele zu setzen, anstatt auf konkrete Arbeitsaufträge zu warten. Ein Studium erfolgreich abzuschließen erfordert die Fähigkeit, der Lebensphase und der Institution angemessene effektive Verhaltensweisen zu entwickeln – hierzu gehören u. a. funktionierende Lern- und Prüfungsstrategien, ein gelungenes Zeitmanagement, eine gesunde Portion Mut und viel pro-aktiver Gestaltungswille. Im Folgenden finden Sie einige erfolgserprobte Tipps, die Ihnen beim Studieren Orientierung geben, einen grafischen Überblick dazu zeigt ◘ Abb. A.1.

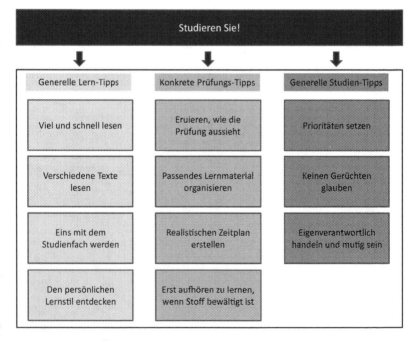

◘ **Abb. A.1** Tipps im Überblick

Lesen Sie viel und schnell

Studieren bedeutet, wie oben beschrieben, in Materie abzutauchen. Dies gelingt uns am besten, indem wir zunächst einfach nur viel lesen. Von der Lernmethode – lesen, unterstreichen, heraus schreiben – wie wir sie meist in der Schule praktizieren, müssen wir uns im Studium verabschieden. Sie dauert zu lange und raubt uns kostbare Zeit, die wir besser in Lesen investieren sollten. Selbstverständlich macht es Sinn, sich hier und da Dinge zu notieren oder mit anderen zu diskutieren. Das systematische Verfassen von eigenen Text-Abschriften aber ist im Studium – zumindest flächendeckend – keine empfehlenswerte Methode mehr. Mehr und schneller lesen schon eher …

Werden Sie eins mit Ihrem Studienfach

Jenseits allen Pragmatismus sollten wir uns als Studierende eines Faches – in der Summe – zutiefst für dieses interessieren. Ein brennendes Interesse muss nicht unbedingt von Anfang an bestehen, sollte aber im Laufe eines Studiums entfacht werden. Bitte warten Sie aber nicht in Passivhaltung darauf, begeistert zu werden, sondern sorgen Sie selbst dafür, dass Ihr Studienfach Sie etwas angeht. In der Regel entsteht Begeisterung, wenn wir die zu studierenden Inhalte mit lebensnahen Themen kombinieren: Wenn wir etwa Zeitungen und Fachzeitschriften lesen, verstehen wir, welche Rolle die von uns studierten Inhalte im aktuellen Zeitgeschehen spielen und welchen Trends sie unterliegen; wenn wir Praktika machen, erfahren wir, dass wir mit unserem Know-how – oft auch schon nach wenigen Semestern – Wertvolles beitragen können. Nicht zuletzt: Dinge machen in der Regel Freude, wenn wir sie beherrschen. Vor dem Beherrschen kommt das Engagement: Engagieren Sie sich also und werden Sie eins mit Ihrem Studienfach!

Entdecken Sie Ihren persönlichen Lernstil

Jenseits einiger allgemein gültiger Lern-Empfehlungen muss jeder Studierende für sich selbst herausfinden, wann, wo und wie er am effektivsten lernen kann. Es gibt die Lerchen, die sich morgens am besten konzentrieren können, und die Eulen, die ihre Lernphasen in den Abend und die Nacht verlagern. Es gibt die visuellen Lerntypen, die am liebsten Dinge aufschreiben und sich anschauen; es gibt auditive Lerntypen, die etwa Hörbücher oder eigene Sprachaufzeichnungen verwenden. Manche bevorzugen Karteikarten verschiedener Größen, andere fertigen sich auf Flipchart-Bögen Übersichtsdarstellungen an, einige können während des Spazierengehens am besten auswendig lernen, andere tun dies in einer Hänge-

matte. Es ist egal, wo und wie Sie lernen. Wichtig ist, dass Sie einen für sich effekti-
ven Lernstil ausfindig machen und diesem – unabhängig von Kommentaren Dritter
– treu bleiben.

Bringen Sie in Erfahrung, wie die bevorstehende Prüfung aussieht

Die Art und Weise einer Prüfungsvorbereitung hängt in hohem Maße von der Art und
Weise der bevorstehenden Prüfung ab. Es ist daher unerlässlich, sich immer wieder
bezüglich des Prüfungstyps zu informieren. Wird auswendig Gelerntes abgefragt?
Ist Wissenstransfer gefragt? Muss man selbstständig Sachverhalte darstellen? Ist der
Blick über den Tellerrand gefragt? Fragen Sie Ihre Dozenten. Sie müssen Ihnen zwar
keine Antwort geben, doch die meisten Dozenten freuen sich über schlau formu-
lierte Fragen, die das Interesse der Studierenden bescheinigen und werden Ihnen
in irgendeiner Form Hinweise geben. Fragen Sie Studierende höherer Semester. Es
gibt immer eine Möglichkeit, Dinge in Erfahrung zu bringen. Ob Sie es anstellen und
wie, hängt von dem Ausmaß Ihres Mutes und Ihrer Pro-Aktivität ab.

Decken Sie sich mit passendem Lernmaterial ein

Wenn Sie wissen, welcher Art die bevorstehende Prüfung ist, haben Sie bereits viel
gewonnen. Jetzt brauchen Sie noch Lernmaterialien, mit denen Sie arbeiten können.
Bitte verwenden Sie niemals die Aufzeichnungen Anderer – sie sind inhaltlich unzu-
verlässig und nicht aus Ihrem Kopf heraus entstanden. Wählen Sie Materialien, auf
die Sie sich verlassen können und zu denen Sie einen Zugang finden. In der Regel
empfiehlt sich eine Mischung – für eine normale Semesterabschlussklausur wären
das z. B. Ihre Vorlesungs-Mitschriften, ein bis zwei einschlägige Bücher zum Thema
(idealerweise eines von dem Dozenten, der die Klausur stellt), ein Nachschlagewerk
(heute häufig online einzusehen), eventuell prüfungsvorbereitende Bücher, etwa
aus der Lehrbuchsammlung Ihrer Universitätsbibliothek.

Erstellen Sie einen realistischen Zeitplan

Ein realistischer Zeitplan ist ein fester Bestandteil einer soliden Prüfungsvorbereitung.
Gehen Sie das Thema pragmatisch an und beantworten Sie folgende Fragen: Wie viele
Wochen bleiben mir bis zur Klausur? An wie vielen Tagen pro Woche habe ich (rea-

listisch) wie viel Zeit zur Vorbereitung dieser Klausur? (An dem Punkt erschreckt und ernüchtert man zugleich, da stets nicht annähernd so viel Zeit zur Verfügung steht, wie man zu brauchen meint.) Wenn Sie wissen, wie viele Stunden Ihnen zur Vorbereitung zur Verfügung stehen, legen Sie fest, in welchem Zeitfenster Sie welchen Stoff bearbeiten. Nun tragen Sie Ihre Vorhaben in Ihren Zeitplan ein und schauen, wie Sie damit klar kommen. Wenn sich ein Zeitplan als nicht machbar herausstellt, verändern Sie ihn. Aber arbeiten Sie niemals ohne Zeitplan!

Beenden Sie Ihre Lernphase erst, wenn der Stoff bewältigt ist

Eine Lernphase ist erst beendet, wenn der Stoff, den Sie in dieser Einheit bewältigen wollten, auch bewältigt ist. Die meisten Studierenden sind hier zu milde im Umgang mit sich selbst und orientieren sich exklusiv an der Zeit. Das Zeitfenster, das Sie für eine bestimmte Menge an Stoff reserviert haben, ist aber nur ein Parameter Ihres Plans. Der andere Parameter ist der Stoff. Und eine Lerneinheit ist erst beendet, wenn Sie das, was Sie erreichen wollten, erreicht haben. Seien Sie hier sehr diszipliniert und streng mit sich selbst. Wenn Sie wissen, dass Sie nicht aufstehen dürfen, wenn die Zeit abgelaufen ist, sondern erst wenn das inhaltliche Pensum erledigt ist, werden Sie konzentrierter und schneller arbeiten.

Setzen Sie Prioritäten

Sie müssen im Studium Prioritäten setzen, denn Sie können nicht für alle Fächer denselben immensen Zeitaufwand betreiben. Professoren und Dozenten haben die Angewohnheit, die von ihnen unterrichteten Fächer als die bedeutsamsten überhaupt anzusehen. Entsprechend wird jeder Lehrende mit einer unerfüllbaren Erwartungshaltung bezüglich Ihrer Begleitstudien an Sie herantreten. Bleiben Sie hier ganz nüchtern und stellen Sie sich folgende Fragen: Welche Klausuren muss ich in diesem Semester bestehen? In welchen sind mir gute Noten wirklich wichtig? Welche Fächer interessieren mich am meisten bzw. sind am bedeutsamsten für die Gesamtzusammenhänge meines Studiums? Nicht zuletzt: Wo bekomme ich die meisten Credits? Je nachdem, wie Sie diese Fragen beantworten, wird Ihr Engagement in der Prüfungsvorbereitung ausfallen. Entscheidungen dieser Art sind im Studium keine böswilligen Demonstrationen von Desinteresse, sondern schlicht und einfach überlebensnotwendig.

Glauben Sie keinen Gerüchten

Es werden an kaum einem Ort so viele Gerüchte gehandelt wie an Hochschulen – Studierende lieben es, Durchfallquoten, von denen Sie gehört haben, jeweils um 10–15 % zu erhöhen, Geschichten aus mündlichen Prüfungen in Gruselgeschichten zu verwandeln und Informationen des Prüfungsamtes zu verdrehen. Glauben Sie nichts von diesen Dingen und holen Sie sich alle wichtigen Informationen dort, wo man Ihnen qualifiziert und zuverlässig Antworten erteilt. 95 % der Geschichten, die man sich an Hochschulen erzählt, sind schlichtweg erfunden und das Ergebnis von 'Stiller Post'.

Handeln Sie eigenverantwortlich und seien Sie mutig

Eigenverantwortung und Mut sind Grundhaltungen, die sich im Studium mehr als auszahlen. Als Studierende verfügen Sie über viel mehr Freiheit als als Schüler: Sie müssen nicht immer anwesend sein, niemand ist von Ihnen persönlich enttäuscht, wenn Sie eine Prüfung nicht bestehen, keiner hält Ihnen eine Moralpredigt, wenn Sie Ihre Hausaufgaben nicht gemacht haben, es ist niemandes Job, sich darum zu kümmern, dass Sie klar kommen. Ob Sie also erfolgreich studieren oder nicht, ist für niemanden von Belang außer für Sie selbst. Folglich wird nur der eine Hochschule erfolgreich verlassen, dem es gelingt, in voller Überzeugung eigenverantwortlich zu handeln. Die Fähigkeit zur Selbstführung ist daher der Soft Skill, von dem Hochschulabsolventen in ihrem späteren Leben am meisten profitieren. Zugleich sind Hochschulen Institutionen, die vielen Studierenden ein Übermaß an Respekt einflößen: Professoren werden nicht unbedingt als vertrauliche Ansprechpartner gesehen, die Masse an Stoff scheint nicht zu bewältigen, die Institution mit ihren vielen Ämtern, Gremien und Prüfungsordnungen nicht zu durchschauen. Wer sich aber einschüchtern lässt, zieht den Kürzeren. Es gilt, Mut zu entwickeln, sich seinen eigenen Weg zu bahnen, mit gesundem Selbstvertrauen voranzuschreiten und auch in Prüfungen eine pro-aktive Haltung an den Tag zu legen. Unmengen an Menschen vor Ihnen haben diesen Weg erfolgreich beschritten. Auch Sie werden das schaffen!

Andrea Hüttmann ist Professorin an der accadis Hochschule Bad Homburg, Leiterin des Fachbereichs „Communication Skills" und Expertin für die Soft Skill-Ausbildung der Studierenden. Als Coach ist sie auch auf dem freien Markt tätig und begleitet Unternehmen, Privatpersonen und Studierende bei Veränderungsvorhaben und Entwicklungswünschen (► www.andrea-huettmann.de).

Überblick über die Fallstudien
und deren Verfasser

Kapitel	Fallstudie	Verfasser
	◘ Überblick über die Fallstudien und deren Verfasser	
1	Wie Daimler junge Unternehmen strukturell an den Konzern bindet	Dr. Christoph Mandl
3	IDEO – Durch eine aktivierende Organisationskultur zum Erfolg	Dr. Elisabeth S. C. Berger
4	Open Innovation bei den Schweizerischen Bundesbahnen – Innovieren auf Augenhöhe mit einem Großkonzern	Martin P. Allmendinger
4	Corporate-Venture-Capital – Wie BASF in die Zukunftsfähigkeit investiert	Patrick G. Röhm

Glossar

Adhokratie Eine Adhokratie entspricht dem Idealtyp einer unternehmerischen Organisationskultur, blickt über Unternehmensgrenzen hinweg (externe Ausrichtung) und folgt organischen Prozessen (Kreativität, Innovativität, Anpassungsfähigkeit).

Akzelerator-Programm Ein Akzelerator-Programm wird von etablierten Unternehmen eingesetzt, um Startups mit typischerweise geringen finanziellen Beträgen und einem strukturierten Betreuungsprozess zügig fortzuentwickeln.

Ambidexteres Management Ambidexteres Management ist definiert als das duale Management augenscheinlich widersprüchlicher Aufgaben – insbesondere explorativer und exploitativer Innovationstätigkeit.

Bootlegging Bootlegging bezeichnet unaufgeforderte Innovations- und Forschungsaktivitäten, die von Individuen ohne offizielle Ressourcen und unabhängig von den offiziellen Unternehmenszielen vorangetrieben werden.

Company Builder Company Builder unter der Führung eines etablierten Unternehmens sind Inkubator-Programme, in denen unternehmerische Talente auf vordefinierte Gründungsprojekte gelenkt werden.

Corporate Entrepreneurship Corporate Entrepreneurship bezeichnet sämtliches unternehmerisches (das heißt proaktives, innovatives und risikoaffines) Verhalten von und in etablierten Unternehmen und Organisationen.

Corporate-Venture-Capital Corporate-Venture-Capital wird aus strategischen und finanziellen Gründen – meist über eine separate Einheit – von etablierten Unternehmen in junge Unternehmen mit Potenzial investiert.

Exploration Exploration umfasst alle Aktivitäten eines Unternehmens, die darauf gerichtet sind, über neue und innovative Vorhaben zusätzliche Wettbewerbsvorteile zu generieren.

Exploitation Exploitation umfasst alle Aktivitäten eines Unternehmens, die darauf gerichtet sind, Exzellenz und Effizienz im bestehenden Geschäft zu ermöglichen.

Fehlerzyklus Der Fehlerzyklus ermöglicht das Management des Scheiterns durch angemessene Vorbereitung auf potenzielles Scheitern, rationalen Umgang mit konkretem Scheitern und zielführendes Nachbereiten vergangenen Scheiterns.

Inkubator-Programm Durch ein Inkubator-Programm unterstützen etablierte Unternehmen strategisch motiviert mit ihren Ressourcen junge Unternehmen und schaffen einen geschützten Raum für deren Entwicklung.

Intrapreneur Ein Intrapreneur ist ein angestellter Mitarbeiter eines etablierten Unternehmens, der aus eigenem Antrieb im Sinne seines Arbeitgebers unternehmerisch aktiv wird.

Entrepreneurship Entrepreneurship ist das effektive Nutzen von Gelegenheiten, einen wachstumsorientierten Gestaltungsprozess in Gang zu setzen.

Fehler Fehler sind unerwartete Ergebnisse wirtschaftlichen Handelns mit Bedeutung.

Individuelle unternehmerische Orientierung Individuelle unternehmerische Orientierung (Individual Entrepreneurial Orientation) charakterisiert Individuen, die sich durch eine hohe Affinität zu Neuem (Innovativität), Risikotoleranz und Proaktivität auszeichnen und damit eine erhöhte Wahrscheinlichkeit aufweisen, unternehmerisch aktiv zu werden.

Individuelles unternehmerisches Wertsystem Ein individuelles unternehmerisches Wertsystem gründet sich auf Werten wie Ambition, Ausdauer, Einsatz, Kreativität, Risikotoleranz und Optimismus.

Kreative Fehler Kreative Fehler sind unerwartete Ergebnisse, die mit außerordentlichem Lernpotenzial einhergehen und auch das Potenzial in sich bergen, in einen nicht visionierten Erfolg gewendet zu werden.

Kultur der zweiten Chance Eine Kultur der zweiten Chance wird ermöglicht durch angemessene Geschichten, Mythen und Symbole, passendes Führungskräfteverhalten und positive Rituale.

Rahmenbedingungen für Corporate Entrepreneurship Geeignete Rahmenbedingungen für Corporate Entrepreneurship fördern positive Resultate unternehmerischen Handelns und resultieren aus organisationalem Commitment und ausreichenden Ressourcen, die mit dem Ziel eingesetzt werden, Motivation von Intrapreneuren zu erhalten und aufzubauen sowie das Humankapital potenzieller Intrapreneure zu entwickeln.

Startup-Corporate-Kooperationen Startup-Corporate-Kooperationen zielen auf die Schaffung von Vorteilen für beide beteiligten Parteien durch das Einbringen komplementärer Ressourcen wie Agilität und Innovativität des Startups und Finanzkraft und Marktmacht des etablierten Unternehmens.

Unicorn Ein Unicorn ist ein Startup, dessen Unternehmenswert mehr als eine Milliarde US-Dollar beträgt.

Unternehmerische Organisationskultur Eine unternehmerische Organisationskultur gründet sich auf Werte wie Langfristigkeit, Offenheit, Wertschöpfung, Effektivität, Neuheit, Wandel, Freiheit, Verantwortung und Kooperation.

Unternehmerische Orientierung Unternehmerische Orientierung (Entrepreneurial Orientation) macht das Ausmaß von Corporate Entrepreneurship in einem Unternehmen bzw. in einem Teil davon fassbar und ist definiert durch die fünf Dimensionen Innovativität, Proaktivität und Risikoneigung in Kombination mit Wettbewerbsaggressivität und Autonomie.

Unternehmerisches Wettbewerbsumfeld Ein unternehmerisches Wettbewerbsumfeld erfordert Corporate Entrepreneurship – es zeichnet sich aus durch Dynamik, Heterogenität, Feindseligkeit und Ressourcenreichtum.

Literatur

1. Allmendinger, M., & Kuckertz, A. (2016). Das Zusammenspiel von Corporate Entrepreneurship und Open Innovation. Eine strukturierte Literaturanalyse. *Zeitschrift für KMU und Entrepreneurship*, *64*(2), 129–148.
2. Alpkan, L., Bulut, C., Gunday, G., Ulusoy, G., & Kilic, K. (2010). Organizational support for intrapreneurship and its interaction with human capital to enhance innovative performance. *Management Decision*, *48*(5), 732–755.
3. Augsdorfer, P. (2005). Bootlegging and path dependency. *Research Policy*, *34*(1), 1–11.
4. Baard, P., Deci, E., & Ryan, R. (2004). Intrinsic need satisfaction: a motivational basis of performance and well-being in two work settings. *Journal of Applied Social Psychology*, *34*(10), 2045–2068.
5. Baharian, A., & Wallisch, M. (2017). *Mittelstand meets Startup. Potenziale der Zusammenarbeit*. Eschborn: RKW Rationalisierungs- und Innovationszentrum der Deutschen Wirtschaft e.V..
6. Berger, E., & Kuckertz, A. (2016). Female entrepreneurship in startup ecosystems worldwide. *Journal of Business Research*, *69*(11), 5163–5168.
7. Berger, E. S. C., & Kuckertz, A. (2016). The challenge of dealing with complexity in entrepreneurship, innovation and technology research – an introduction. In E. S. C. Berger & A. Kuckertz (Hrsg.), *Complexity in entrepreneurship, innovation and technology research – applications of emergent and neglected methods* (S. 1–9). Heidelberg: Springer.
8. Bolton, D., & Lane, M. (2012). Individual entrepreneurial orientation: development of a measurement instrument. *Education + Traininig*, *54*(2), 219–233.
9. Bosma, N., Stam, E., & Sander, W. (2010). *Intrapreneurship – an international study*. EIM Research Reports H201005. Zoetermeer: EIM.
10. Brettel, M., Rudolf, M., & Witt, P. (2005). *Finanzierung von Wachstumsunternehmen*. Wiesbaden: Gabler.
11. Bundesministerium für Ernährung und Landwirtschaft (BMEL) (2014). *Nationale Politikstrategie Bioökonomie. Nachwachsende Ressourcen und biotechnologische Verfahren als Basis für Ernährung, Industrie und Energie*. Berlin. https://www.bmbf.de/files/BioOekonomiestrategie.pdf Zugegriffen: 31.7.2017
12. Burns, P. (2013). *Corporate entrepreneurship: entrepreneurship and innovation in large organizations* (3. Aufl.). Houndmills: Palgrave Macmillan.
13. Camelo-Ordaz, C., Fernández-Alles, M., Ruiz-Navarro, J., & Sousa-Ginel, E. (2012). The intrapreneur and innovation in creative firms. *International Small Business Journal*, *30*(5), 513–535.
14. Christensen, C. M. (2013). *The innovator's dilemma: Warum etablierte Unternehmen den Wettbewerb um bahnbrechende Innovationen verlieren*. München: Vahlen.
15. Covin, J. G., Slevin, D. P., & Schultz, R. L. (1994). Implementing strategic missions: Effective strategic, structural and tactical choices. *Journal of Management Studies*, *31*(4), 481–506.

16. Danner, J., & Coopersmith, M. (2015). *The other 'F' Word. How smart leaders, teams, and entrepreneurs put failure to work*. Hoboken: Wiley.

17. Das, T., & He, I. (2006). Entrepreneurial firms in search of established partners: review and recommendations. *International Journal of Entrepreneurial Behaviour & Research, 12*(3), 114–143.

18. Denis, D. (2004). Entrepreneurial finance: an overview of the issues and evidence. *Journal of Corporate Finance, 10*(2), 301–326.

19. Deshpandé, R., Farley, J., & Webster, F. (1993). Corporate culture, customer orientation, and Innovativeness in Japanese firms: a quadrad analysis. *Journal of Marketing, 57*(1), 23–27.

20. Dickson, P. R., & Giglierano, J. J. (1986). "Missing the boat" and "sinking the boat": a conceptual model of entrepreneurial risk. *Journal of Marketing, 50*, 43–51.

21. Drucker, P. (1985). *Innovation and entrepreneurship*. New York: Harper & Row.

22. Duncan, R. B. (1976). The ambidextrous organization: designing dual structures for innovation. In R. H. Kilmann, L. R. Pondy & D. Slevin (Hrsg.), *The management of organization design* (S. 167–188). New York: North Holland.

23. van Dyck, C., Frese, M., Baer, M., & Sonnentag, S. (2005). Organizational error management culture and its impact on performance: a two-study replication. *Journal of Applied Psychology, 90*, 1228–1240.

24. Engelen, A., Engelen, M., & Bachmann, J. T. (2015). *Corporate Entrepreneurship. Unternehmerisches Management in etablierten Unternehmen*. Wiesbaden: Springer Gabler.

25. Ernst, H., Witt, P., & Brachtendorf, G. (2005). Corporate venture capital as a strategy for external innovation: an exploratory study. *R&D Management, 35*(3), 233–242.

26. Frank, H., Kessler, A., & Fink, M. (2010). Entrepreneurial orientation and business performance – a replication study. *Schmalenbach Business Review, 62*, 175–198.

27. Fueglistaller, U., Müller, C., Müller, S., & Volery, T. (2012). *Entrepreneurship*. Wiesbaden: Gabler.

28. Gelbmann, U., & Vorbach, S. (2007). Strategisches Innovationsmanagement. In H. Strebel (Hrsg.), *Innovations- und Technologiemanagement* (S. 157–211). Wien: Facultas wuv.

29. Gibson, C. B., & Birkinshaw, J. (2004). The antecedents, consequences, and mediating role of organizational ambidexterity. *Academy of Management Journal, 47*, 209–226.

30. Gompers, P., & Lerner, J. (2000). The determinants of corporate venture capital success: organizational structure, incentives, and complementarities. In R. Morck (Hrsg.), *Concentrated Corporate Ownership* (S. 17–50). Chicago: University of Chicago Press.

31. Grichnik, D., Brettel, M., Koropp, C., & Mauer, R. (2010). *Entrepreneurship. Unternehmerisches Denken, Entscheiden und Handeln in innovativen und technologieorientierten Unternehmungen*. Stuttgart: Schäffer-Poeschel.

32. Hajizadeh-Alamdary, D., & Kuckertz, A. (2015). Corporate Entrepreneurship als neues Unternehmertum? Warum große Unternehmen externe Innovationsimpulse suchen und sich mit kleinen Startups vernetzen. In F. Keuper & M. Schomann (Hrsg.), *Entrepreneurship heute – unternehmerisches Denken angesichts der Herausforderungen einer vernetzten Wirtschaft* (S. 3–25). Berlin: Logos.

33. Hastings, R., & McCord, P. (2012). Netflix culture: freedom and responsibility. http://hbr.org/2014/01/how-netflix-reinvented-hr/ar/1 Zugegriffen: 31.7.2017

34. Hirn, W. (2002). Die Schuh-Größe. *ManagerMagazin, 5*(2), 116–123.

35. Hogan, S., & Coote, L. (2014). Organizational culture, innovation, and performance: a test of Schein's model. *Journal of Business Research, 67*(8), 1609–1621.

36. Jansen, J. J. P., Van den Bosch, F. A. J., & Volberda, H. W. (2005). Exploratory innovation, exploitative innovation, and ambidexterity: the impact of environmental and organizational antecedents. *Schmalenbach Business Review*, *57*, 351–363.

37. Kanbach, D., & Stubner, S. (2016). Corporate accelerators as recent form of startup engagement: the what, the why, and the how. *Journal of Applied Business Research*, *32*(6), 1761–1776.

38. Keese, C. (2014). *Silicon Valley. Was aus dem mächtigsten Tal der Welt auf uns zukommt*. München: Knaus.

39. Kelley, D., Singer, S., & Herrington, M. (2016). Global entrepreneurship monitor. 2015/2016 report. http://www.gemconsortium.org/report Zugegriffen: 31.7.2017

40. Kelly, E., Moen, P., & Tranby, E. (2011). Changing workplaces to reduce work-family conflict schedule control in a white-collar organization. *American Sociological Review*, *76*(2), 265–290.

41. Kibler, E., Mandl, C., Kautonen, T. & Berger, E.S. (im Erscheinen): Attributes of legitimate venture failure impressions. *Journal of Business Venturing*.

42. Knote, R., & Blohm, I. (2016). *It's not about having ideas – it's about making ideas happen! Fostering exploratory innovation with the intrapreneur accelerator*. 24. European Conference on Information Systems, Istanbul.

43. Kohler, T. (2016). Corporate accelerators: building bridges between corporations and startups. *Business Horizons*, *59*, 347–357.

44. Kollmann, T. (2016). *E-Entrepreneurship. Grundlagen der Unternehmensgründung in der Digitalen Wirtschaft* (6. Aufl.). Wiesbaden: Springer Gabler.

45. Kollmann, T., & Kuckertz, A. (2004). Venture capital decision making after the high tech downturn – considerations based on German E-business investment cases. *Journal of Private Equity*, *7*(3), 48–59.

46. Kollmann, T., & Kuckertz, A. (2010). Evaluation uncertainty of venture capitalists' investment criteria. *Journal of Business Research*, *63*(7), 741–747.

47. Kollmann, T., Kuckertz, A., & Stöckmann, C. (2006). *Clarifying and extending the ambidexterity construct – entrepreneurial and preservative modes in strategic management*. 14. Nordic Conference on Small Business Research, 200611.–13. Mai 2006. Stockholm: NCSB.

48. Kollmann, T., Christofor, J., & Kuckertz, A. (2007). Explaining individual entrepreneurial orientation: conceptualisation of a cross-cultural research framework. *International Journal of Entrepreneurship and Small Business*, *4*(3), 325–340.

49. Kollmann, T., Herr, C., & Kuckertz, A. (2008). Nicht-lineare Wirkungszusammenhänge zwischen Gründungsorganisation und subjektivem Unternehmenserfolg – empirische Befunde. *Zeitschrift für Betriebswirtschaft*, *78*(6), 651–670.

50. Kollmann, T., Kuckertz, A., & Stöckmann, C. (2009). Continuous innovation in entrepreneurial growth companies: exploring the ambidextrous strategy. *Journal of Enterprising Culture*, *17*(3), 297–322.

51. Kollmann, T., Kuckertz, A., & Middelberg, N. (2014). Trust and Controllability in Venture Capital Fundraising. *Journal of Business Research*, *67*(11), 2411–2418.

52. Kollmann, T., Stöckmann, C., Hensellek, S., & Kensbock, J. (2015). *Deutscher Startup Monitor 2016*. Essen, Berlin: Bundesverband Deutsche Startups e.V..

53. Kreiser, P., Marino, L., Kuratko, D., & Weaver, K. M. (2013). Disaggregating entrepreneurial orientation: the non-linear impact of innovativenss, proactiveness and risk-taking on SME performance. *Small Business Economics*, *40*(2), 273–291.

54. Krell, P. (2014). *Immaterielle Belohnungen, individuelle Kreativität und Innovtionen in KMU. Eine empirische Analyse des mittleren und oberen Managements*. Wiesbaden: Springer Gabler.
55. Kriegesmann, B., Kley, T., & Schwering, M. (2005). Creative errors and heroic failures: capturing their innovative potential. *Journal of Business Strategy, 26*(3), 57–64.
56. Kuckertz, A. (2006). *Der Beteiligungsprozess bei Wagniskapitalfinanzierungen. Eine informationsökonomische Analyse*. Wiesbaden: Deutscher Universitätsverlag.
57. Kuckertz, A. (2008). High-Tech-Entrepreneurship. In S. Kraus & M. Fink (Hrsg.), *Entrepreneurship. Theorie und Fallstudien zu Gründungs-, Wachstums- und KMU-Management* (S. 109–120). Wien: facultas.wuv.
58. Kuckertz, A. (2013). Entrepreneurship education – status quo and prospective developments. *Journal of Entrepreneurship Education, 16*, 59–71.
59. Kuckertz, A. (2015). *Management: Entrepreneurial Marketing*. Wiesbaden: Springer Gabler.
60. Kuckertz, A., & Allmendinger, M. (2017). *Den „Generationenkonflikt" durch richtige Kooperation überwinden – was Startups von Großunternehmen erwarten*. Hohenheim Entrepreneurship Research Brief, Nr. 1. Stuttgart: Universität Hohenheim.
61. Kuckertz, A., & Mandl, C. (2016). Capturing the complexity and ambiguity of academic fields: determining consensual definitions for small business research, entrepreneurship and their shared interface. In E. S. C. Berger & A. Kuckertz (Hrsg.), *Complexity in entrepreneurship, innovation and technology research – applications of emergent and neglected methods*. Heidelberg: Springer.
62. Kuckertz, A., & Middelberg, N. (2016). *Post-Merger-Integration im Mittelstand. Kompendium für Unternehmer*. Wiesbaden: Springer Gabler.
63. Kuckertz, A., & Röhm, P. (2015). Controlling für mehr Unternehmergeist? *Controlling & Management Review, 59*(4), 34–43.
64. Kuckertz, A., & Schröder, K. (2010). Legitimizing innovative ventures strategically: the case of Europe's first online pharmacy. In T. Kollmann, A. Kuckertz & C. Stöckmann (Hrsg.), *E-entrepreneurship and ICT ventures: strategy, organization and technology* (S. 89–103). Hershey: IGI Global.
65. Kuckertz, A., & Wagner, M. (2010). The influence of sustainability orientation on entrepreneurial intentions – investigating the role of business experience. *Journal of Business Venturing, 52*(5), 524–539.
66. Kuckertz, A., Mandl, C., & Allmendinger, M. (2015). *Gute Fehler, schlechte Fehler – wie tolerant ist Deutschland im Umgang mit gescheiterten Unternehmern?* Stuttgart: Universität Hohenheim. www.neue-unternehmerkultur.de
67. Kuckertz, A., Kollmann, T., Röhm, P., & Middelberg, N. (2015). The interplay of track record and trustworthiness in venture capital fundraising. *Journal of Business Venturing Insights, 4*, 6–13.
68. Kuckertz, A., Berger, E., & Allmendinger, P. (2015). What drives entrepreneurship? A configurational analysis of the determinants of entrepreneurship in innovation-driven economies. *Die Betriebswirtschaft – Business Administration Review, 75*(4), 273–288.
69. Kuckertz, A., Kollmann, T., Krell, P., & Stöckmann, C. (2017). Understanding, Differentiating, and Measuring Opportunity Recognition and Opportunity Exploitation. *International Journal of Entrepreneurial Behaviour and Research, 23*(1), 78–97.
70. Kuratko, D. F., Ireland, R. D., Covin, J. G., & Hornsby, J. S. (2005). A model of middle-level managers' entrepreneurial behavior. *Entrepreneurship Theory and Practice, 29*, 699–716.
71. Lee, S. M., & Peterson, S. J. (2001). Culture, entrepreneurial orientation, and global competitiveness. *Journal of World Business, 35*(4), 401–416.

72. Lumpkin, G. T., & Dess, G. G. (1996). Clarifying the entrepreneurial orientation construct and linking it to performance. *Academy of Management Review*, *21*(1), 135–172.

73. Lumpkin, G. T., & Dess, G. G. (2001). Linking two dimensions of entrepreneurial orientation to firm performance: the moderating role of environment and industry life cycle. *Journal of Business Venturing*, *16*(5), 429–451.

74. Mandl, C., Berger, E., & Kuckertz, A. (2016). Do you plead guilty? Exploring entrepreneurs' sensemaking-behavior link after business failure. *Journal of Business Venturing Insights*, *5*, 9–13.

75. Mandl, C. (2017). Vom Fehler zum Erfolg – Effektives Failure Management für Innovation und Corporate Entrepreneurship. Wiesbaden: Springer Gabler.

76. Matsuno, K., Mentzer, J. T., & Özsomer, A. (2002). The effects of entrepreneurial proclivity and market orientation on business performance. *Journal of Marketing*, *66*(3), 18–32.

77. Mauer, R., Brettel, M., Rahn, S., & Schrörs, S. (2013). Umstände und Zufälle: Nutzen Sie Unsicherheit als unternehmerische Chance! Wie unternehmerische Mitarbeiter den Zufall aktiv bei 3M nutzen. In D. Grichnik & O. Gassmann (Hrsg.), *Das unternehmerische Unternehmen. Revitalisieren und Gestalten der Zukunft mit Effectuation – Navigieren und Kurshalten in stürmischen Zeiten* (S. 103–117). Wiesbaden: Springer Gabler.

78. Menzel, H., Aaltio, I., & Ulijn, J. (2007). On the way to creativity: engineers as intrapreneurs in organizations. *Technovation*, *27*(12), 732–743.

79. Miles, R., Snow, C., Meyer, A., & Coleman, H. (1978). Organizational strategy, structure, and process. *Academy of Management Review*, *3*(3), 546–562.

80. Miller, D. (1983). The correlates of entrepreneurship in three types of firms. *Management Science*, *29*, 770–791.

81. Morris, M., Avila, R., & Allen, J. (1993). Individualism and the modern corporation: implications for innovation and entrepreneurship. *Journal of Management*, *19*(3), 595–612.

82. Morris, M. H., Kuratko, D. F., & Covin, J. G. (2010). *Corporate entrepreneurship & innovation. Entrepreneurial development within organizations*. Mason: Thomson South-Western.

83. Naffziger, D. W., Hornsby, J. S., & Kuratko, D. F. (1994). A proposed research model of entrepreneurial motivation. *Entrepreneurship Theory and Practice*, *18*(3), 29–42.

84. National Public Radio (2009). Failcon: failing forward to success. http://www.npr.org/templates/story/story.php?storyId=114271856 Zugegriffen: 31.7.2017

85. Neye, A.-K., Bullinger, A. C., & Moeslein, K. M. (2009). Integrating inside and outside innovators: a soiotechnical systems perspective. *R&D Management*, *39*(4), 410–419.

86. Orchard, S. (2015). Entrepreneurship and the human capital of organizational innovation: the Intrapreneur. In S. Sindakis & C. Walter (Hrsg.), *The entrepreneurial rise in Southeast Asia. the quadruple helix influence on technological innovation* (S. 111–138). New York: Palgrave Macmillan.

87. Pearce, J. A., Kramer, T. R., & Robbins, D. K. (1997). Effects of manager's entrepreneurial behavior on subordinates. *Journal of Business Venturing*, *12*, 147–160.

88. Pinchot, G. (1988). *Intrapreneuring. Mitarbeiter als Unternehmer*. Wiesbaden: Gabler.

89. Rauch, A., Wiklund, J., Lumpkin, G. T., & Frese, M. (2009). Entrepreneurial orientation and business performance: an assessment of past research and suggestions for the future. *Entrepreneurship Theory and Practice*, *33*(3), 761–787.

90. Reiter, T. (2016). *Revolution dank Innovation. Mit Corporate Entrereneurship zurück an die Spitze!* Frankfurt am Main New York: Campus.

91. Rimsa, M. (2006). Fehlermeldung mit System. In (o. Hrsg.), *Personalpraxis in der stationären Altenpflege*. Berlin: Raabe: o. S.

92. Röhm P., Köhn, A., Kuckertz, A., & Dehnen, S. (im Erscheinen). A world of difference? The impact of corporate venture capitalists' investment motivation on startup valuation. *Journal of Business Economics*.

93. Rothaermel, F. (2002). Technological discontinuities and interfirm cooperation: What determines a startup's attractiveness as alliance partner? *IEEE Transactions on Engineering Management*, *49*(4), 388–397.

94. Schein, E. H. (2004). *Organizational culture and leadership*. San Francisco: Jossey-Bass.

95. Scheurenbrand, H. (2016). Der Intrapreneur – provokativ, mittendrin, anders. In M. Hirzel, H. Zub & N. Dimler (Hrsg.), *Strategische Positionierung. Geschäfts- und Servicebereiche auf Kundenbedarf fokussieren* (S. 43–56). Wiesbaden: Springer.

96. Schießl, N. (2015). *Intrapreneurship-Potenziale bei Mitarbeitern. Entwicklung, Optimierung und Validierung eines Diagnoseinstruments*. Wiesbaden: Springer Gabler.

97. Schindehutte, M., Morris, M., & Pitt, L. (2008). *Rethinking marketing. The entrepreneurial imperative*. Upper Saddle River: Pearson Education.

98. Schjoedt, L., & Craig, J. (2017). Development and validation of a unidemsional domain-specific entrepreneurial self-efficacy scale. *International Journal of Entrepreneurial Behaviour and Research*, *23*(1), 98–113.

99. Schönenberger, H. (2014). *Collaborate to Innovate*. Garching: UnternehmerTUM & Wissensfabrik – Unternehmen für Deutschland.

100. Schoss, J. (2013). Was etablierte Unternehmen von Start-ups lernen können. Warum bahnbrechende Innovationen eher von Start-ups initiiert werden. In D. Grichnik & O. Gassmann (Hrsg.), *Das unternehmerische Unternehmen* (S. 53–65). Wiesbaden: Springer Gabler.

101. Sirén, C., Kohtamäki, M., & Kuckertz, A. (2012). Exploration and exploitation strategies, profit performance and the mediating role of strategic learning: escaping the exploitation trap. *Strategic Entrepreneurship Journal*, *6*(1), 18–41.

102. Souitaris, V., Zerbinati, S., & Liu, G. (2012). Which iron cage? Endo- and Exoisomorphism in corporate venture capital programs. *Academy of Management Journal*, *55*(2), 477–505.

103. Stevenson, H. H., & Jarillo, J. C. (1990). A paradigm of entrepreneurship: entrepreneurial management. *Strategic Management Journal*, *11*, 17–27.

104. Tang, J., Tang, Z., Marino, D., Zhang, Y., & Li, Q. (2008). Exploring an inverted u-shape relationship between entrepreneurial orientation and performance in Chinese ventures. *Entrepreneurship, Theory and Practice*, 32(1), 219–239.

105. Tushman, M. L., & O'Reilly, C. A. III (1997). *Winning through innovation. A practical guide to leading organizational change and renewal*. Boston: Harvard Business School Press.

106. Vesper, K. H. (1984). *Three faces of corporate entrepreneurship: a pilot study*. Washington: University of Washington.

107. Weiblen, T., & Chesbrough, H. (2015). Engaging with startups to enhance corporate innovation. *California Managment Review*, *57*(2), 66–90.

108. Wiklund, J., & Shepherd, D. (2003). Knowledge-based resources, entrepreneurial orientation, and the performance of small and medium-sized business. *Strategic Management Journal*, *24*, 1307–1314.

109. Wunderer, R. (2001). Employees as "co-intrapreneurs" – a transformation concept. *Leadership & Organization Development Journal*, *22*(5), 192–211.

110. Zahra, S. A. (1991). Predictors and financial outcomes of corporate entrepreneurship: an exploratory study. *Journal of Business Venturing*, *6*(4), 259–285.

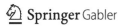

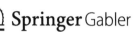

Printed in the United States
By Bookmasters